建築構造用語事典 II

いまどき建築構造用語 実務者たち、もっと知っておきたいキーワード 建築学生も知建築

（一社）日本建築構造技術者協会関西支部
建築構造用語事典II編集委員会——編著

建築技術

推 薦 の 言 葉

　歴史家・磯田道史氏の著書『江戸の備忘録』のあとがきに，次のような記述がある。

　『そのうち，ある一事を思うようになった。「牛のようなものに，自分はなりたい」ということである。牛は草を喰んで乳をだす。そんな魯迅の言葉がある。別段，難しい話ではない。人間は草を食べない。しかし，牛が草を食べると，甘美な乳が出て人間も飲むことができる。同じことが史家と世人のあいだにもいえる。古文書は解し難い。古文書はそのままでは，なんのことやらわからないが，史家がこれを読んで噛み砕き，牛が乳を出すが如くにすれば，世人はその味を甘受できる。良い草を喰まねば，良い乳は出ない。だから，史家は，良き草，すなわち，良き史料をたずねて書物蔵に入り，牛が悠然と草を喰むが如く，ゆっくりと史料のページをめくる。』

　上記の一文で「良き草」を本書と置き換えれば，実に的確にこの本の位置づけを示すことになろう。一方，悠然とはできるはずもないが，構造設計者が「史家」に相当する。

どんな世界においても用語の定義が明快でなけれ
ば，円滑な情報伝達は不可能である。そのためには，
説明の簡潔さと定義の一貫性は不可欠と言える。近
い将来 BIM や AI が加速的に普及していくことが想
定され，それに伴って異分野・異業種間の情報交換
がますます重要視されるとともに，情報自体も多様
化・複雑化していくであろう。そのような状況の中
で，構造設計者にとっては自らの分野に関わる領域
の基本的な原理を理解し，高い説得性を有している
ことは必須となるに違いない。本書はそのための道
標となるもので，独特なところは，一貫性を堅持し
つつ三者三様の語り口で解説文が構成されていると
ころにある。読者の理解を助けるのに極めて効果的
な構成といえるだろう。

　さらに言えば，本書は現役の構造設計者のみなら
ず，これから建築の設計や施工の世界を目指す学生
諸君にとっても，またとない導きの糸となるに違い
ない。悪戦苦闘されたであろう執筆者の珠玉の成果
を甘美な乳として自らの血肉とし，大きく成長され
ることを願ってやまない。

令和元年 6 月吉日

一般財団法人　日本建築総合試験所理事長
井上一朗

まえがき

　『建築構造用語事典　学生も実務者も知っておきたい建築キーワード 108』が 2004 年 1 月に発刊されてから，14 年が経過しました。その間も多くの建築技術が開発，導入されたり，研究・調査などによる新たな知見も生まれました。それに伴って，もう一冊建築構造用語事典ができるほど構造用語も増え，続編を期待する声もあちらこちらで聞かれるようになりました。

　（一社）日本建築構造技術者協会関西支部では，建築構造用語事典発行 15 周年の節目となる 2019 年にその続編を発刊することを企画し，執筆してきました。本書では，前著と同様，JSCA 関西支部に所属する会員の構造技術者が自らの経験をふまえ，建築の構造設計に使われる用語をわかりやすく解説しています。

　また，とっつきにくい専門用語でも読者に理解してもらいやすいよう，3 人の執筆者が，時にはたとえを用いるなど工夫しながら自分のことばで解説している点が，ほかの書籍にはない特徴といえま

す。建築構造の用語数は，今回も煩悩を払拭する除夜の鐘の数と同じ 108 としていますが，Ⅹ章番外編として日常使われる用語のうち，特に構造設計するうえで大事な用語（キーワード）を新たに 3 用語掲載しています。

　この建築構造用語事典Ⅱは，これから建築に従事し，建築構造を学ぼうとする学生や建築構造を学ぶ必要のある実務者を読者の対象にしています。本書を手に取って建築構造用語に関する理解を深められ，クライアントや一般の人びととのコミュニケーションが成立する一助になれば幸いです。

　最後に，本書の出版の機会を与えてくださり，企画から編集，出版に至るまで，株式会社建築技術編集発行人橋戸幹彦氏および編集部橋戸央樹氏にはたいへんお世話になりました。厚くお礼申し上げます。

2019 年 6 月吉日

（一社）日本建築構造技術者協会関西支部
建築構造用語事典Ⅱ編集委員会

山浦晋弘

建 築 構 造 用 語 事 典 Ⅱ
目次

推薦の言葉 ……………………………… 002
まえがき ………………………………… 004

Ⅰ章

地盤系   012

高支持力杭 ……………………………… 014
場所打ち杭 ……………………………… 016
既製杭 …………………………………… 018
杭頭半剛接合 …………………………… 020
平板載荷試験 …………………………… 022
杭の載荷試験 …………………………… 024
即時沈下 ………………………………… 026
側方流動 ………………………………… 028
擁壁 ……………………………………… 030
水圧 ……………………………………… 032
逸散減衰 ………………………………… 034
アスペリティ …………………………… 036

Ⅱ章

ＲＣ系   038

アンボンド PC …………………………… 040
鉄筋の継手 ……………………………… 042
機械式継手 ……………………………… 044
コールドジョイント …………………… 046
プレキャストコンクリート …………… 048
ジャンカ ………………………………… 050
中性化 …………………………………… 052
定着 ……………………………………… 054
中空スラブ ……………………………… 056
アルカリ骨材反応 ……………………… 058
高強度コンクリート …………………… 060
土間スラブ ……………………………… 062
プレビーム ……………………………… 064
あと施工アンカー ……………………… 066
かぶり厚さ ……………………………… 068
短柱 ……………………………………… 070

III章

金属系　072

遅れ破壊 …………………… 074

降伏比 ……………………… 076

座屈拘束ブレース／座屈補剛ブレース… 078

靭性 ………………………… 080

スタッドジベル …………… 082

耐火鋼 ……………………… 084

冷間成形角形鋼管 ………… 086

亜鉛めっき ………………… 088

アンカーボルト …………… 090

高力ボルト／超高力ボルト … 092

細長比 ……………………… 094

摩擦係数 …………………… 096

スカラップ ………………… 098

IV章

荷重／外力　100

温度応力 …………………… 102

風荷重 ……………………… 104

局部震度 …………………… 106

風揺れ ……………………… 108

長周期地震動 ……………… 110

履歴特性 …………………… 112

津波荷重 …………………… 114

空力不安定振動 …………… 116

上下動 ……………………… 118

杭頭免震 …………………… 120

積雪荷重 …………………… 122

ベースシア係数 …………… 124

凍結深度 …………………… 126

床振動 ……………………… 128

V章

計画　　130

転倒，浮き上がり ………… 132
タイロッド ………………… 134
(弾性)すべり支承 ………… 136
中間階免震 ………………… 138
耐震コア …………………… 140
塔状比 ……………………… 142
崩壊形 ……………………… 144
冗長性(リダンダンシー)／ロバスト性… 146
キール ……………………… 148
テンションリング ………… 150
クライテリア ……………… 152
格子梁 ……………………… 154
ハットトラス・ベルトトラス… 156
フィーレンディール ……… 158
連結制震（制振）………… 160
折板構造 …………………… 162
スリーヒンジ ……………… 164
コンピュテーショナルデザイン… 166
クリアランス ……………… 168

VI章

木質系　　170

CLT／LVL ………………… 172
壁倍率 ……………………… 174
ドリフトピン ……………… 176
燃えしろ設計 ……………… 178
耐震シェルター …………… 180
シヤーコネクタ …………… 182
プレカット工法 …………… 184

VII章

法制　　186

応急危険度判定 …………… 188
既存不適格 ………………… 190
構造特性係数 ……………… 192
I_s 値・q 値 ……………… 194
特定天井 …………………… 196

Ⅷ章

力学／解析　198

剛床仮定 …………………… 200
応答変位法 ………………… 202
一貫構造計算プログラム ……… 204
せん断破壊，曲げ破壊 ……… 206
エネルギー法 ……………… 208
FEM 解析 ………………… 210
剛接合とピン接合 ………… 212
累積塑性変形 ……………… 214
平面保持の仮定 …………… 216
卓越周期 …………………… 218
モデル化 …………………… 220
保証設計 …………………… 222
スラスト力 ………………… 224
微小変形 …………………… 226

Ⅸ章

その他　228

梁貫通／スリーブ ………… 230
振動台 ……………………… 232
風洞実験 …………………… 234
組積造 ……………………… 236
ピアレビュー ……………… 238
BIM ……………………… 240
構造ヘルスモニタリング ……… 242
PML ……………………… 244

Ⅹ章

番外編　246

あたり（をつける）………… 248
オーダー …………………… 250
ぬすみ／あそび …………… 252

執筆者紹介 ………………… 254

建築構造用語事典IIでは,
若手の建築構造設計者および
建築技術者が実務を円滑に行ううえで,
最低限理解していなければならない用語を取り上げています。
どの用語を特に理解していなければならないかではなくて,
すべての用語の意味を理解し,
実務では関連する用語を使用することで,
さらに用語の理解度を深めることに
努めていただけることを期待しています。
しかしながら,用語の理解度の進捗度合いを把握する
目安が必要ではないかと推察し,
あえて3段階に分けてアイコンで表記しています。

 | 最低限抑えておく必要のある用語
 | 抑えておいた方が望ましい用語
 | さらにステップを目指すために抑えておきたい用語

編 著

一般社団法人 日本建築構造技術者協会 関西支部
建築構造用語事典Ⅱ編集委員会

●建築構造用語事典Ⅱ編集委員会 （順不同敬称略）

委員長：

山浦晋弘（安井建築設計事務所）

委　員：

嶋﨑敦志（大林組）　　桝田洋子（桃李舎）

島野幸弘（竹中工務店）　　松原由典（竹中工務店）

大住和正（大林組）　　西村勝尚（摂南大学）

小倉正恒（日本建築総合試験所）　　上田博之（竹中工務店）

秋田　智（安井建築設計事務所）　　石原邦子（日本建築構造技術者協会）

●建築構造用語事典Ⅱ査読 WG （順不同敬称略）

岩佐裕一（日本建築総合試験所）　　古島正博（大林組）

太田原克則（東畑建築事務所）　　竹島　剛（鹿島建設）

岡田　健（日建設計）　　安野　郷（鴻池組）

倉長哲司（能勢建築構造研究所）　　小島直樹（清水建設）

満田衛資（満田衛資構造計画研究所）　　西本信哉（大成建設）

田中政寛（山田建築構造事務所）　　田中秀人（竹中工務店）

高支持力杭
場所打ち杭
既製杭
杭頭半剛接合
平板載荷試験
杭の載荷試験
即時沈下
側方流動
擁壁
水圧
逸散減衰
アスペリティ

I 章

地盤系
001〜012

001

高支持力杭

High Bearing Capacity Pile

I章

地盤系

基礎杭の許容支持力は，建設省告示第1113号第5に規定されている方法で算出します。既製杭は下記の2工法です。

・打込み杭（先端支持力係数 $\alpha = 300$）
・埋込み杭（$\alpha = 200$）

この工法以外の工法を用いる場合は，平成13年国土交通省告示第1113号第6の規定によります。第6の規定に基づく基礎杭工法には，主に下記の2工法があります。

・旧法第38条に基づく認定を取得した工法（主に $\alpha \leqq 250$）
・指定性能評価機関による技術評定を取得している工法（主に $\alpha \geqq 250$）

そのうち主に $\alpha > 250$ の工法を採用し，鉛直支持力を大きくした杭が高支持力杭です。高支持力杭は杭本数を減らせるため，工期短縮やコストダウンになり，更には杭残土の削減などの省資源化にも寄与しています。

設計面では，高支持力に対応するため杭自体を高強度化したり，杭軸断面積を増やしたりしています。また，杭本数が少なくなるので，杭頭水平力が大きくなるため，杭頭曲げ力が増大します。そのため，杭頭部に曲げ耐力の大きいCPRC杭(プレストレスト鉄筋コンクリート杭)やSC杭（鋼管複合杭）を使用するケースが多くなります。

（小宅正躬）

杭の長期鉛直支持力は、平成13年国土交通省告示第1113号第6の新たな規定により、必要な載荷試験を行い、その性能を確認すれば杭の許容支持力を自由に設定できるようになりました。

これ以降、杭の先端に節を設ける、根固め径や強度を大きくする、周辺固定液の強度を上げ摩擦力を大きく評価するなどの工夫により、従来の大臣認定工法よりも大きな支持力を発揮する杭が開発されるようになりました。このような杭を「高支持力杭」と呼んでいます。

高支持力杭を用いる最大のメリットは、建物全体の杭本数を少なく、基礎の大きさを小さくすることで、杭や基礎にかかる施工費を縮減できることです。

一方、建物全体の杭本数が少なくなることで、一本の杭に作用する地震力が増加し、水平力に対する杭自体の設計や杭と基礎との接合部の設計が困難になる場合が増えました。また、大きな軸力が一本の杭に集中するため、杭先端よりも深い位置に弱い地盤がある場合などは、沈下量にも配慮する必要があります。高支持力杭を採用する設計においては、やたら大きな支持力を追及して杭本数を減らすのではなく、当該地の杭先端の地盤性状や杭頭に作用する水平力の大きさ、杭周辺の地盤性状を総合的に判断し、コストと性能のバランスに配慮することが重要と考えます。

（川口正人）

高支持力杭とは、大きな鉛直支持能力を有する既製杭の総称です。

杭の長期鉛直支持力は、建設省告示1113号第5にて規定されています。

$$R_a = 1/3 \{ \alpha \cdot N \cdot A_p + (\beta \cdot N_s \cdot L_s + \gamma \cdot q_u \cdot L_c) \psi \}$$

式中の先端支持力係数 α について、2000年の建築基準法改正以前は、既製杭において根固部を拡大する工法が新たに開発され、建築基準法第38条に基づく大臣認定制度により $\alpha = 250$ まで認められてきました。その後、法改正により第38条は削除されましたが、平成13年国土交通省告示第1113号第6の規定により、必要な載荷試験を行い、その性能を確認することを条件に、杭の許容支持力を自由に設定できるようになりました。その結果、α が800を超えるものも現れています。明確な定義はないようですが、一般にはこの α が250を超える既製杭を指すようです。その工法には、拡大根固めプレボーリング工法や拡大根固め中掘り工法などがあります。

高支持力杭は、杭先端（＝根固め部）にさまざまな工夫がなされているものが多く、その部分がこの技術の核であるといっても過言ではありません。そのため、根固め部の施工管理は大変重要で、技術報告集や指針、基準などで、高支持力埋込み杭の根固め部に対する施工管理方法が記載されています。

（佐分利和宏）

建築構造用語事典 II

002 場所打ち杭

Cast-in-Place Pile

I章
地盤系

場所打ち杭について考える前に，基礎について簡単に説明します。建物を支えるのには，基礎が必要です。基礎の種類は，大きく分けると直接基礎と杭基礎があります。建物直下の地盤が良いときは直接基礎，良好な地盤が建物直下になく深い所にある場合は，杭基礎を採用することになります。

　杭基礎にも種類があり，鉄筋コンクリート杭，鋼管コンクリート杭，鋼杭，木杭とあります。この杭の中で，鉄筋コンクリートと鋼管コンクリート杭が場所打ち杭の対象となります。

　工事現場にて上記の杭を製造する場合が，その場所でコンクリートを打ち込む杭，つまり「場所打ち杭」です。これに対して，工場にて製造し，現場に持ち込まれる杭が，すでに製造された杭で「既製杭」と呼ばれます。

　場所打ち杭は，良好な地盤のある支持層（設計により所定の位置は変わります）まで地面に穴を掘り，そこに円柱状に作られた鉄筋かごを入れてコンクリートを流し込むことで構築します。鉄筋コンクリートの場合を場所打ち鉄筋コンクリート杭，鋼管を巻いた場合は場所打ち鋼管コンクリート杭と呼びます。また，大きな建物を支持するために杭先端を広げた拡底杭や，背の高い建物が地震により転倒するときに生じる大きな引抜力などに抵抗できるように拡底するだけでなく，杭中間部も拡げた多段杭も開発されています。

(齋藤　順)

建 物荷重を良質な地盤（堅固な地盤）まで伝える部材として杭はあり，その中に場所打ち杭はあります。

この工法は，主に3種類あり，①アースドリル工法（市街地で代表的に実施），②オールケーシング工法（大きな石や障害掘削時使用），③リバースサーキュレーション工法（超深度掘削など使用）があり，地盤の種類によって工法が選定されます。

代表的な場所打ち杭としてアースドリル工法があり，その施工法は，大型重機にて地盤を掘削した穴が崩れないように，特殊な安定液を注入して所定深度まで掘削します。その後，地上で組み立てられた鉄筋かごを挿入，その後，地盤を型枠代わりにしてコンクリートを杭底から打設して，鉄筋コンクリート杭（柱）を築造します。

現在，建築の場所打ち杭は高支持力化が進み，杭先端部分を拡底率（杭周面横に掘削して底面積を増やす）を増やす工法が開発されています。それに伴って，コンクリート強度も18〜60 N/mm²まで使用可能になっています。

（服部公一）

場 所打ち杭とは，あらかじめ地盤中に削孔した孔内に，主筋とあばら筋によって円筒状に組み立てられた鉄筋かごを挿入した後，孔内にフレッシュコンクリートを流し入れる（打設する）ことにより，現場において造成する鉄筋コンクリート造杭を指します。

場所打ちコンクリート杭と同意語で，現場打ちコンクリート杭とも表現されます。

掘削する方法によって，アースドリル工法，オールケーシング工法，リバースサーキュレーション工法などの機械掘削工法と，深礎工法などの人力掘削工法に分類されます。

掘削は，ドリリングバケットをアースドリル掘削機の軸先端に取り付けて行います。拡底バケットのような特殊なバケットを用いることで，杭の形状も変えることが可能となります。杭のどの部分の直径を拡げたかによって，拡頭杭・拡茎杭・拡底杭などやそれらを組み合わせた場所打ち杭も開発されています。既製杭に比べ，大口径化が可能となることや，高強度コンクリート使用など大きな支持力が確保できるため，多くの高層建築物や大規模建物などに多く用いられています。また，支持層が鉛直方向に傾斜しているような場合でも，掘削深さによって杭長の調整が容易できることも大きな利点です。

現在，支持力や施工法などの認証を取得した場所打ち杭工法が数多く存在しており広く活用されています。

（佐分利和宏）

建築構造用語事典 II　　017

003

既製杭

Precast Concrete Pile

I 章
地盤系

エ場などであらかじめ生産される杭のことです。それに対し，現場において造成される杭のことを場所打ちコンクリート杭（現場打ちコンクリート杭）といいます。既製杭を材料別に分けると，「木杭」「コンクリート杭」「鋼杭」があります。

既製コンクリート杭は遠心力で成形され，いくつかの種類があります。鉄筋コンクリート造の「RC 杭」，コンクリートに圧縮力（プレストレス）を導入した「PC 杭」，高強度コンクリートにプレストレスを導入した「PHC 杭」，PHC 杭に鉄筋を配置した「PRC 杭」，外殻に鋼管を巻いた「SC 杭」などです。今日多く使われているのは「PHC 杭」「PRC 杭」「SC 杭」で，一般的に曲げ耐力は「PHC杭」<「PRC 杭」<「SC 杭」の関係になりますので，杭に生じる応力とコストを考慮して選択することになります。あらかじめ地盤を掘削し，その中に杭を埋込む工法が一般的です。

鋼杭で多く使われているのが「鋼管杭」です。鋼管の先端に突起や羽根を設け，回転貫入により施工するのが一般的になってきています。

既製杭にはそれぞれ特徴がありますので，建物の規模・敷地・地盤条件などから杭種と工法を決定します。

（大沼一広）

軟弱地盤における構造物の建設において，浅い地盤では構造物を支えることができない場合に，地中深くまで杭を打ち込み，構造物を支える基礎を杭基礎といいます。

杭基礎は，既製杭と場所打ち杭の二つに分類されますが，既製杭とは「すでに工場で製作された杭」の総称であり，既製コンクリート杭と鋼杭に分類されます。

既製コンクリート杭の種類には，高強度プレストレストコンクリート杭（PHC杭），高強度プレストレスト鉄筋コンクリート杭（PRC杭），外殻鋼管付きコンクリート杭（SC杭）があり，PHC杭＜PRC杭＜SC杭の順に靭性が大きいという特徴があります。

鋼杭の種類には，鋼管杭，H型鋼杭がありますが，基礎杭として用いられるのは，ほとんどが鋼管杭です。

いずれの杭も形状はさまざまであり，支持力増加を意図し，杭先端部の径を大きくした拡底杭や，節を多数設けた節杭などがあります。

既製杭を使用する施工方法には，主として打込み工法と埋込み工法（プレボーリング工法・中掘り工法）がありますが，打込み工法は騒音や振動が比較的大きいため，近年では埋込み工法が主流となっています。

（岡田亮太）

建物荷重を良質な地盤（堅固な地盤）まで伝える部材として，杭はあり，その中に既製杭があります。既製杭は，文字どおりすでに製品として出来上がっている工場製作のコンクリート製品（イメージとしては電柱）を建築現場に搬入させ大型重機にて良質地盤まで到達させる材料などの総称です。

現在，国内で行われている代表的なプレボーリング工法は，大型重機にて良質な地盤まで掘削した後，その穴にセメントミルク（水とセメントを混ぜ合わせたもの）を注入して，その後，既製杭を建て込んでいく工法です。既製杭工法も多工法があり，昨今では高支持力工法といわれる従来よりも支持力を大きくとる工法が多数採用されています。その工法は載荷試験を実施して，国土交通省の御墨付き（認定）を取得した工法です。

その工法に使用する材料も大径，高耐力になり，杭製品としては直径 $\phi300\sim\phi1{,}200$ mm，その強度も 85 N/mm^2，105 N/mm^2，123 N/mm^2 と，杭径・強度ともにアップしてきています。製品の中には，SC杭（外殻に鋼管を使用した杭≒高曲げ対応杭）や一般的なPHC杭まで多種多様な杭種類を取り揃え，諸条件により最適なものが検討され，工事現場にて施工が行われております。

（服部公一）

004

杭頭半剛接合

Semi-Rigid Pile Head Joint

Ⅰ章

地盤系

杭基礎の大きな課題の一つとして，杭と基礎の接合方法があります。杭と基礎の接合に問題があると，建物に沈下や傾斜の被害が発生する可能性があります。

1980年代以降，杭と基礎の接合設計は杭頭固定接合（固定度1.0）が一般的でした。しかし，1995年兵庫県南部地震において，杭頭部に多数の被害が発生しました。杭頭固定接合は基礎と杭を剛接するため，杭頭部に過大な応力が発生し，杭頭部の損傷の要因となったのです。そこで，杭頭を固定しない，杭頭部に応力が集中しない新しい杭頭接合法として生まれたのが「杭頭半剛接合」です。

杭頭半剛接合は，地震時に杭頭部の回転を許容することにより（固定度は軸力に応じて変わりますが，約0.8程度が最大となります），杭頭部の曲げモーメントが低減されます。それによるメリットは以下のとおりです。

①杭の損傷を大幅に軽減できること，②杭仕様を合理化できること，③基礎サイズの縮小が可能となること，④基礎梁の断面も軽減され，梁せいの縮小とそれに伴う掘削深さの削減も期待できること。

ただし，杭頭半剛接合は，特に液状化が発生するような軟弱地盤では，杭頭固定接合と比較して杭頭の変位が大きくなることに，注意が必要となります。

（北浦光章）

杭は上部建物からの荷重を，支持層まで伝達する重要な構造部材の一つです。杭頭は基礎内に埋め込まれ，基礎と杭頭は，杭頭補強筋で緊結されることが一般的です。この緊結方法は，「杭頭剛接合」と呼びます。一方，「杭頭半剛接合」とは，杭頭部と基礎の間に，支承を設置することにより接合する方法です。杭頭支承には，杭頭部分を滑らせるローラータイプと回転剛性を小さくするピンタイプのものがあり，これらを適切に選択して，杭応力を調整します。

杭頭剛接合と杭頭半剛接合とした場合の地震時水平力による杭応力の特徴を述べると，次のようになります。杭頭剛接合の場合，杭頭部分の曲げモーメントが最大となり，次に杭中間部分の曲げモーメントが大きくなります。杭頭半剛接合の場合，支承の性質によりますが，杭頭部分と杭中間部分の曲げモーメントを同じくらいの大きさにするか，または，杭中間部分の曲げモーメントが最大となり，杭頭部分の曲げモーメントを小さくすることができます。杭頭部分の曲げモーメントが小さくなると，基礎に取り付く基礎梁の応力も小さくなり，総じて部材断面を小さくすることができることから，杭頭半剛接合が設計に取り入れられる場合があります。

（園田隆一）

建築物には，木造住宅から超高層タワーまで幅広くあります。また，その中には学校施設があり，地震時において避難所として活用される重要な構造物も含まれています。

一方，杭頭接合方法に関しては，さまざまな用途の建築物があるにもかかわらず，杭頭剛接合として採用されるケースが一般的でした。

しかし，1995年兵庫県南部地震において，杭頭剛接合された杭には多数の被害事例がありました。これを受けて，杭頭モーメントを低減する手法の一つとして，「杭頭半剛接合」が研究され，提案されるようになりました。従来の杭頭剛接合では，地震時に発生する水平せん断力に対して，杭頭部を完全に拘束しているので，回転変形することができないため，杭頭部に曲げモーメントが集中して発生します。

しかし，杭頭半剛接合では，杭頭部の回転変形を一部許容させる仕組を設けることで，杭頭部と杭の地中部の両方に曲げモーメントを分散させる効果を生み出し，杭頭部に発生する曲げモーメントを緩和させることができます。

したがって，杭頭部のみならず，基礎おび基礎梁おいても，地震時において安全性能を向上できる杭頭接合方法の一つであるといえます。

（中濱賢一）

005

平板載荷試験

Plate Load Test

Ⅰ章
地盤系

原 地盤に載荷板を設置して荷重を与え，この荷重の大きさと載荷板の沈下との関係から，地盤の変形や強さなどの支持力特性を調べるための試験です。この試験は，構造物の直接基礎の設計などに利用されています。

試験の最大荷重は，試験位置の状態と構造物の設計荷重を考慮して設定を行いますが，設計荷重の1〜3倍の範囲で設定した載荷応力とする場合がほとんどです。載荷板は，直径300 mm以上の円形鋼板が標準で，この試験によって求められる支持力特性は，載荷板直径の1.5〜2.0倍程度の深さの地盤が対象となっています（それより深い地盤は本試験では評価できません）。

そのため，載荷板直径の2倍程度よりも深い地盤は，載荷板直径の2倍程度の範囲内の地盤と同じものであることを前提として成り立っていることに，注意が必要となります。

（福本勇介）

建物の基礎形式は大きく二つに分類されます。「直接基礎」と「杭基礎」です。「直接基礎」とは、建物を地盤に直接支持させる基礎であり、建物直下が比較的強固で良好な地盤のときに採用します。

直接基礎を採用した建物を建築する場合、建物重量に対して地盤の支持力が十分であることを確認することが重要です。直接基礎の建物において、もし地盤の支持力が不足していれば、建物が沈下したり傾いたりといった障害が生じる可能性があります。地盤の支持力を評価するために行う試験として、最も多く用いられているのが地盤の平板載荷試験です。平板載荷試験とは、基礎底まで掘削を行い、原地盤に設置した直径 30 cm の載荷板に直接荷重を加え、与えた荷重と載荷板の沈下量との関係から、地盤の剛性や強さなどの支持特性を調べる試験です。同じ地層であっても、地盤特性にはばらつきがあることから、敷地内の複数箇所において実施することが望ましい。

なお、平板載荷試験は直径 30 cm の円盤で試験していることから、支持特性を得られる範囲は平板直下の 60〜90 cm の範囲と考えられます。そのため、支持層が薄く、その支持層の下部に軟弱な地盤がある場合には、試験する地盤レベルの設定、試験結果の見方に注意が必要となります。

（前田達彦）

新築住宅を建てるときは、どうしても内装や外壁などに目が行ってしまいます。しかし、本当は目に見えないところにこそ、注意を払うべきといえます。その中で、建物の荷重を支える地盤の地耐力を確認することは非常に大切なファクターの一つとなります。

この地盤の地耐力を直接的に調査する方法として、「平板載荷試験」があります。基準化した方法としては、公益財団法人地盤工学会の調査方法（JGS 1521）があります。

その概要は、建設予定地の地盤に円形の載荷板を設置します。そして、油圧ジャッキで押して、荷重の大きさと載荷板の沈下の関係から地耐力を算定し、設計上必要な地耐力と比較検討を行います。

ただし、円形の載荷板はわずか直径 30 cm であり、地盤直下に伝わる力の影響範囲は限られています。そのため、平板載荷試験の結果が良い場合においても、その影響範囲より下部層に軟弱地盤が隠れている可能性があります。

したがって、必要に応じて平板載荷試験だけではなく、スウェーデン式サウンディング試験および標準貫入試験などを併用し、より確実な地盤調査を行い、地耐力の算定をされることを推奨します。

（中濱賢一）

006

杭の載荷試験

Load Test on Piles

Ⅰ章

地盤系

平成13年国土交通省告示第1113号第5では，杭の載荷試験により極限支持力を評価できた杭は，極限支持力をもとに許容支持力が計算できることになっています。しかし，設計段階において，建設地で杭の載荷試験が実施できることは稀であるため，一般には杭の載荷試験結果を使って設計されることは少ないと思われます。一方，同告示第6を適用する大臣認定工法などでは，支持力係数の妥当性について性能評価を受けて，大臣認定を取得するために，あらかじめ多数の地点で杭の載荷試験を実施したうえで，先端や周面の支持力（係数）を評価することが行われています。

杭の載荷試験は，地盤工学会基準に準拠して行われることが多く，杭頭に載荷した際の杭体のひずみを計測し軸力を計算することで，先端支持力や周面摩擦力を評価します。

杭の載荷試験を見て実感できることですが，杭頭で載荷された荷重はまずは周面地盤に摩擦力で伝わり，周面で支持しきれない荷重が杭先端にかかります。設計では先端支持力を見込んだうえで，不足する分を摩擦力で補う（あるいは摩擦力は余力として扱う）といった検討が行われることが多いですが，設計の考え方と実際の杭での地盤への荷重伝達が同じではないため，敷地内で中間層の層厚が異なる場合など，先端支持力は同じように計算できても，沈下量が異なることがありますので，注意が必要になります。

（岩佐裕一）

杭の載荷試験といえば，反力杭と反力ばりを設けて，杭頭に鉛直方向に載荷する鉛直載荷試験が一般的で，大がかりな準備と時間と費用がかかるのが普通でした。段階的な載荷と荷重–沈下関係を計測しながらの，手間と費用がかかる試験だったのです。40年ほど前に海岸埋立地に深さ43m，直径1.2mの場所打ちコンクリート拡底杭の12,000kN載荷試験に立ち会った経験では，4サイクル12段階で約30時間かかりました。今はこれを押込み試験といいます。載荷を，段階方式から連続方式に変えた方法もあります。

また，目的によって引抜試験，鉛直交番載荷試験があります。これらはいずれも杭頭へのジャッキによる静的載荷ですが，さらに研究が進み，動的載荷と呼ばれる急速載荷試験や衝撃載荷試験といった比較的短時間の試験方法も検討されるようになりました。

これらに対して，新しい試験方法である先端載荷試験は，杭の先端に埋め込んでおいたジャッキに載荷する方法です。杭の周面摩擦抵抗を反力とするため，反力杭や反力ばりが不要で費用も安くて済みます。

以上は，鉛直方向の試験です[1]。

他には，水平方向地盤反力係数などの調査を目的とした水平載荷試験があります。

（加藤裕造）

[1]（公社）地盤工学会：杭の鉛直載荷試験方法・同解説，2002年5月

私たち人間が生活をしている地球は，大きくなったり小さくなったりするスポンジのようなものです。地球の表面は地盤に覆われており，これらに杭を打ち込んで，地上の構造物を支えています。

地盤は硬いものから柔らかいものまであります。地盤に杭を押し込むのは，粘土に細い針を刺すようなものであり，押し込まれた杭はどんどん地盤中へもぐっていき力の釣り合うところで止まります。地盤が柔らかいときは，力が釣り合うまでに長い杭が必要になり，硬い場合は短い杭で釣り合うことができます。設計で決めた杭長で必要な支持性能が満足できるかどうか，確認するために杭の載荷試験が行われます。

杭の載荷試験にはさまざまな方法がありますが，たとえば力をかける時間の長さによって「静的載荷試験」と「動的載荷試験」があります。

「静的載荷試験」には，「押込み試験」「引抜試験」「先端載荷試験」などがあり，試験時間が長く数十分〜十数時間を要することになりますが，信頼性の高い結果を得ることができます。

「動的載荷試験」には，「急速載荷試験」「衝撃載荷試験」などがあり，0.01秒〜0.1秒と短時間で行うことができますが，柔らかい地盤には不向きな面があります。

このように，構造物を建てる際に杭を用いた場合，杭の支持性能を確認するために「杭の載荷試験」が行われます。

（大植奈緒子）

建築構造用語事典 II 　025

007

即時沈下

Immediate Settlement

I章

地盤系

沈下は地盤や杭の変形によって生じ，建物に傾きやひび割れなどの支障をきたす場合があります。一般に沈下は，即時沈下と圧密沈下（既刊用語事典14頁参照）が合わさったもので，単純には前者は砂質地盤などにおける弾性沈下であり，文字どおり短時間で生じるものですが，一方，後者は長期間にわたる粘土質地盤に特有のものであるといえます。地盤は，砂や粘土が混じり合った不均質で一様ではない性状をもっているので，沈下の内訳を明確にできない場合もありますが，即時沈下は名前どおり早期に生じるものといえます。

建物に影響を与える沈下についていえば，とくにスパン両端の相対沈下量が問題であり，長期間の圧密沈下はコンクリートのクリープ（既刊用語事典46頁参照）で応力が緩和されるため，即時沈下の方が建物への影響が大きい場合があります。鉄筋コンクリート造の即時沈下に対する許容沈下量の目安は，相対沈下量とスパンの比（変形角 θ_i）が $1/2,000 \sim 1/1,000$ rad といわれています[1]。

即時沈下といえば，杭が荷重を受けて即時に沈下する現象もあり，大径杭や杭ごとの荷重に大きな差異がある場合には，不同沈下による建物への影響を検討しておく必要があります[2]。

（加藤裕造）

1)（一社）日本建築学会：建築基礎構造設計指針，
　2001年10月，152頁
2)同上，201頁

地盤は荷重を受けると変形します。地盤はバネのような弾性体ではありませんが，変形が小さい場合は弾性体と考えることができるといわれています。地盤を弾性体と考え，載荷後短時間で生じる沈下のことを即時沈下といいます。

　建物に悪影響を与える沈下として不同沈下がありますが，場所により即時沈下が大きく異なる場合（同一建物に高層部分と低層部分が混在している場合など），建物基礎剛性を考慮した沈下計算を行い，建物の基礎設計に考慮する場合があります。

　即時沈下量を算定する場合，地盤を弾性体と考えているので，地盤のヤング係数の評価が重要になります。

　地盤のヤング係数の評価法には，
・PS検層結果を用いること
・孔内水平載荷試験結果を用いること
・N値から推定すること
など，さまざまな方法があります。どの数値を採用するべきか，判断に迷う場合があります。

　しかし，本来地盤は弾性体ではないので，ヤング係数には幅をもたせ，上下限を包絡するような沈下量を設定し，設計に反映することが重要になります。

　　　　　　　　　　　　（川口正人）

建物は地盤に支えられています。地盤の上に建物を建てると，建物の重みで基礎の下の土が圧縮されて，建物は沈下します。その時，建物の重量がかかった時にすぐに生じる「即時沈下」と，長期にわたって徐々に生じる「圧密沈下」の2種類の沈下が発生します。即時沈下は（問題となるような沈下量となるかどうかは地盤によりますが）どんな性質の地盤でも発生する現象です。一方，圧密沈下は粘土地盤だけで発生する現象です。

　地盤が固い場合は即時沈下量は小さく（＝地盤の支持力が大きい），地盤が柔らかい場合は即時沈下量は大きく（＝地盤の支持力が小さい）なります。設計するうえで即時沈下の予測を誤ると，建物が大きく沈下してしまったり，アンバランスな沈下（不同沈下）で建物が傾いてしまうことになりかねません。建物の安全性だけでなく，使い勝手にも大きな影響が生じることになります。そのため，建物の即時沈下を正確に予測することは，基礎の設計をするうえで大事なことです。

　即時沈下を予測するためには，地盤の性質を知っておく必要があります。正確な地盤の性質がわかれば，より正確な即時沈下量を予測することが可能になり，必要以上に沈下をおそれず，一定の即時沈下を許容する経済的な設計も可能になります。

　　　　　　　　　　　　（西影武知）

008

側方流動

Lateral Flow of Soils

I 章

地盤系

兵庫県南部地震などの大地震時に，海岸沿いの護岸が大きく傾いた被害を目にした方も多いと思います。一般に，大地震時に水位が高く，緩い砂質土地盤において液状化が発生することはよく知られています。液状化によって地盤が低い方へと大きく移動してしまい，海岸沿いや埋立地では地盤が海側へと大きく移動する場合があります。これが側方流動です。

側方流動によって，護岸だけでなく，地中埋設物や橋脚基礎などが被害を受けており，直接基礎の建物では，移動や傾斜が発生したり，杭基礎の建物では，地盤の変形が杭に働き，杭が損傷するなどの大きな被害が発生しています。

（荒瀬　進）

① 液状化側方流動のことをいいます。地震で地盤が液状化した際に，地盤が水平方向に大きく変位する現象で，基礎杭が破壊されて建物が傾斜・倒壊するなどの重大な被害が発生する場合があります。1995年兵庫県南部地震では，広範囲で液状化と側方流動が引き起こされ，建築物，土木構造物，上下水道やガスなどのライフラインシステムに甚大な被害が生じました。埋立地などの液状化が想定される地盤に構造物を構築する際は，側方流動の影響を考慮し，基礎を計画する必要があります。

　②軟弱地盤上に盛土や重量物を構築するとき，載荷重が大きいと，地盤が水平方向に大きく変位することがあります。その現象を側方流動といいます。側方流動が生じると，不同沈下が生じたり，構造物自体に変形が生じたりする場合があります。

（大沼一広）

地盤が水平方向に移動して，元に戻らない変形が生じる現象が側方流動です。

　以下に説明する砂質土の液状化によって生じる変形を指すことが多いですが，粘性土の沈下や破壊に起因する地盤の移動に対しても使われます。

　液状化というと，噴砂後の地表面陥没のように，主に深度方向に生じる変形が思い浮かびます。では，地盤が水平方向に動くのはどのような場合でしょうか。

　一つは，地表面に傾斜がある場合，もう一つは，岸壁のように側方の開放面が構造物などで支えられていて，その構造物が支持能力を失った場合などです。前者は，液状化で泥水状となった地盤が，重力を起動力として低い方へ移動することで発生します。1964年新潟地震時に新潟市海老ケ瀬地区で発生した，最大水平変位8m，変位長さ300m以上の側方流動が挙げられます。

　後者は，泥水状となり比重が増大した地盤が構造物を押し出す（土圧増大）ことや，支持地盤の液状化により構造物が押し出されることが起動力となり，構造物の背面地盤が移動することで発生します。兵庫県南部地震時に多く見られた，最大5m程度の護岸移動を伴う後背地盤の側方流動が代表的な例です。

（日野浩之）

009 擁壁

Retaining Wall

I章
地盤系

擁壁とは、斜面地など地盤に大きな高低差が存在する箇所において、斜面の崩壊を防ぐために構築される壁状の構造物です。一般の住宅地でも、隣り合う敷地で高低差がある場合には擁壁を目にすることができます。

少し専門的になりますが、土（岩石片や砂など）や粉粒体（石炭粉など）を積み上げたときに、それらが崩れない斜面の最大角度のことを土の「安息角（あんそくかく）」といい、その「安息角」を超える大きな高低差を地面に設けたいときに、「擁壁」が必要になります。擁壁は、土の特性、土圧、水圧、積載荷重、地震力、地盤の支持力、擁壁の自重などを考慮して、擁壁全体が転倒したり、滑り出したり、沈下しないように設計されます。

型式は、最も多く用いられている重力式擁壁に加え、片持ち梁式擁壁（逆T型・L型・逆L型）などさまざま存在します。構造材料としては、一般にコンクリートを用いますが、石積み、煉瓦積みもあります。高さ2mを超える擁壁をつくる場合は、建築基準法の工作物確認申請手続きが必要になり、所定の構造安全性の確認が求められています。もちろん、高さ2m以下の擁壁であれば、どのような擁壁をつくってもよいというわけではありません。

（前田達彦）

擁壁とは，崩れようとする土の崩壊を防ぐための構造物です。形式的には，大きく「重力式」「L型式」「もたれ式」に分類されます。

重力式は，抵抗要素が自重だけなので，小規模なものによく使用されます。

L型式は，底版上部の土も抵抗要素として利用できるうえ，土圧によって生じる応力を鉄筋コンクリートとして処理できるためコンクリート量の軽減ができ，小〜中規模なものに使用されます。

もたれ式は，コンクリートの壁を斜面にもたれかけさせることにより土圧を処理し，壁には大きな曲げ応力を生じさせない形式で大規模なものに使用されます。

検討に用いられる土圧は，一般的に主働土圧（土が壁を押すときの土圧）が用いられ，検討は「滑動」「転倒」「接地圧」「斜面の安定」「各部の断面」に対して行い，安全を確認します。

（山中　聡）

日本は国土が狭いうえに，山地が多く平地が少ないため，鉄道や道路を通すにも宅地をつくるにも，山を削ったり谷に土を盛ったりといった造成工事が必要な場合が少なくありません。土地の高低差がある場所で，高い位置の土が崩れたりしないように抑える役割を果たしているのが擁壁です。擁壁が支えるべき荷重は，基本的には高い位置にある土の土圧になります。地震の場合も，基本的にはこの土圧が増えるものとして考えます。

擁壁には，土圧に対して抵抗する方法として大きく分けて2種類あります。一つは，擁壁自身の重さだけで抵抗する方法，もう一つは擁壁の底版の上に載る土の重量を利用する方法です。

前者は重力式擁壁と呼ばれ，主に無筋コンクリートでつくられますが，ブロック積みや石積みも同じ考え方で設計できます。住宅地によく見られる間知ブロック擁壁（コンクリートブロックを斜めに積んだ擁壁）や，お城の石垣も重力式擁壁に分類されると考えられます。

後者は倒立T型擁壁や控え壁式擁壁などがあり，土の重さを利用することで擁壁のコンクリート厚さは減らせますが，強度を補うために鉄筋コンクリート造とするのが通常です。

擁壁の安定計算では，土圧による転倒モーメントを擁壁自重や土の重量による抵抗モーメントが上回ることだけでなく，擁壁を支持する地盤が沈下したり，滑ったり，破壊したりしないことを確認することも重要です。

（岡田　健）

010 水圧

Water Pressure

Ⅰ章
地盤系

　私たちは，日常において空気から圧力を受けています。これが「気圧」と呼ばれているものです。同じように水の中で受ける圧力があり，これを「水圧」と呼んでいます。

　気圧や水圧は，あらゆる向きから物体を押しつぶすように働きます。そしてその力は，それ自体の重さが圧力となって働き，水の重さは 1 g/cm^3 なので，空気の重さ 1.29×10^{-3} g/cm^3 に比べて重いことから，水中では地上にいるときよりも大きな力を受けることになります。

　建築に関して水圧といえば，地下水，ウォータージェット，津波などを想像します。地下水は建物を建てる際に，下から上へ押し上げる力が働くため，やっかいな存在となることがしばしみられます。ウォータージェットは水圧を利用して，塗膜厚の調整や被覆材撤去，鉄筋を損傷させずにコンクリートをはつる，といったように利用されています。また，自然災害による津波は建物や人をさらっていくような，大きな力が働きます。

　このように「水圧」は，時にはやっかいな存在であり，時には便利なものとして利用されています。

（大植奈緒子）

水圧とは，水の重さによって生じる水中の物質に働く圧力のことです。水面から深くなるほど水圧は大きくなります。水深10mでの水圧は，1m²当たり10tとなります。

また，水圧は1方向から受ける圧力ではなく，物体はあらゆる方向から圧力を受けることになります。直方体の物体を水に沈めたとすると，水圧は深ければ深いほど大きくなるため，物体の上面よりも下面の方が大きい水圧を受けていることになります。この水中の物体に働く上面と下面の水圧の差が浮力となります。10×10×10の物体の浮力は1,000tとなります。

地盤中にある地下構造物も，この水圧と浮力が地下水によって発生し，その影響力は無視できません。現在，地下水の汲み上げ規制や，降雨特性の変化により地下水位が上昇しているケースが多く，地下構造物に対して水圧や浮力が増大する傾向にあります。すると，地下水位が低下していた時期に建設された地下構造物に漏水が生じたり，浮き上がったりするというような危険が生じます。

今後，地球温暖化により更に地下水が上昇することも考えられますので，地下構造物を設計する際には，地下水変動による水圧や浮力の影響を十分に配慮して設計することが重要になります。

（北浦光章）

水圧は水の圧力のことで，深くなるほど大きくなり，比重が1t/m³であることから，1m深くなるごとに1t/m²ずつ圧力は増加していきます。水の中に箱を押し込んだ時に抵抗する力である浮力や，津波波力なども水圧となります。

地盤の液状化現象は，土の中に存在する水の圧力が地震時に高まることにより，砂同士の圧力を超えてしまったときに起こる現象として知られています。

最近では，高い水圧をかけることにより洗浄を行う水圧洗浄機や水圧カッターなどもよくみられるようになりました。

（山中　聡）

011

逸散減衰

**Radiation
Damping**

I章
地盤系

逸散減衰とは，建物と地盤の慣性の相互作用により発生する地盤への逸散波での減衰抵抗のことを指します。

建物は，基礎を介して地盤の上に建設されます。その基礎の上に建設された建物は，地盤から入射した地震動によって振動が励起され，建物各部に慣性力が生じます。この慣性力は，ベースシアとして，基礎を介して再び地盤に伝えられます。

これにより地盤は変形し，その結果地盤には復元力や減衰力が生じて慣性力に抵抗し，その抵抗力が地盤の中に逸散波を放出します。この建物と地盤の相互作用を慣性の相互作用と呼び，地盤の抵抗は動的地盤バネとして評価されます。この動的地盤バネは複素数で表現され，実部はインピーダンス，虚部は地下逸散減衰による減衰抵抗を表します。

建物と地盤の相互作用を考慮した場合，固定支持で考えた場合に比べて固有周期が長周期化したり，揺れが減衰しやすくなったりします。低層で水平に広い（＝建物の剛性が高い）建物と相対的に地盤が柔らかい立地の組合せの場合，地盤バネや逸散減衰の影響は大きいといえます。

（竹内信一郎）

減衰という言葉を辞書で調べると，「少しずつ減少していくこと」とあります。湖面に石を投げてできる波紋は，広がるにつれて消えていきます。飛行機の発する轟音も，上空のかなたからでは聞こえません。光の届かない深海底は真っ暗です。すべて，波・音・光というエネルギーが少しずつ減少し，最後まで伝わらないからと考えられます。

地震や台風で激しく揺さぶられた建物も，いつまでも揺れ続けることはなく，揺れは徐々に収まります。建物が受け取ったエネルギーが消費され「少しずつ減少」するからですが，消費のされ方はさまざまです。

柱や梁を大きく曲げることで消費，筋かいの伸び縮みで消費，構造体と間仕切壁がこすれて音や熱として消費，そして少しミクロに見れば分子構造レベルで消費，などです。一方で，基礎を伝わって地盤のどこかに消え去るエネルギーがあります。地盤は無限といえるほどの広がりをもつため，一度解き放たれたエネルギーの大部分は帰ってきません。こうやってエネルギーが減少すること，これが逸散減衰です。

余談ですが，東北地方太平洋沖地震で震源から遥か彼方の関西で，高層建物を揺らした長周期地震動というのがあります。短い周期のガタガタと揺れる地震動に比べて，ゆったりと効率的に地盤を揺さぶるので，減衰しにくく遠くまで伝わります。

（上田博之）

通常，地震荷重や風荷重などの外力を受けて振動している建物も，いつかは止まります。これが減衰作用と呼ばれるもので，建物の振動エネルギーが建物の内部で消費されたり，外部との力のやり取りの中で，振動エネルギーが外部へ逃げていくために生じる現象です。

逸散減衰もそのうちの一つで，建物の振動エネルギーが，建物の外へ逃げていき，戻ってこない場合に発生します。通常，建物は地面の上に建てられており，地面と建物の間には力のやり取りが発生します。ハンモックのように，上から吊るしたような建物があったとしても，やはり，その吊り点と建物の間には力のやり取りが発生します。

このような状態で，建物を揺らしてやると，建物の揺れが地面に伝わっていくことが想像できると思います。地面に伝わった揺れは，建物に戻ってくることができず，そのまま周囲に拡散していきます。この時，建物の揺れ，すなわち振動エネルギーが，地面を伝わって外部へ逃げていったことになります。結果として，減衰作用が生じ，建物の揺れは減少していきます。これが，逸散減衰の一例です。

なお，地盤に逃げていった揺れの一部は，反射して建物に戻ってくるため，すべてのエネルギーが逸散していくわけではありません。

（神澤宏明）

012

アスペリティ

Asperity

Ⅰ章

地盤系

地震は，地層がずれることによって発生することは読者の方もご承知のことだと思います。

地層のずれは地球内部のマントルの動きにより引き起こされますが，地層のずれる面（断層面）が仮にナイフでスパッと切られたように完全にフラットですべりやすい状態であれば，マントルの働きによって地層がずれても，静かにずれて大きな衝撃波は起こらないかもしれません。

しかし，自然界の地層は，岩石が複雑に入り組んでいて，断層面に岩石の塊が固着しています。断層面に固着した岩石の塊がある場合，地層がずれると固着した岩石の塊が引き金になって大きな振動が発生します。アスペリティとは，もともとの語源は物体の表面の粗さを表現する言葉でしたが，地震学の中で地震の発生源となる断層面の中の岩石の塊の固着物のことを意味する場合があったり，断層の破壊において周辺に比べてすべり量の大きな領域のことを意味する場合があったり，複数の使い方が混用されていました。

最近の研究では，非常に強い地震動を引き起こす領域のことを強振動生成域と呼び，大きく地層がすべることで大きな津波などを引き起こす断層領域のことを大すべり域，超大すべり域などと呼んで，用語の定義を使い分けるようになりました。

（白沢吉衛）

036

地震は，地下にある断層面で岩盤が急激にずれ動くことにより発生します。広がりをもった面である断層がずれ動くときは，いっせいに動くわけではなく，断層面上のある点から破壊が始まり，それが伝播し，やがて止まります。

たとえば，2008年に起きた四川地震では，全長250kmの断層面のずれ動いた量は平均的には数mですが，全体が均質にずれたのではなく，伝播していく中で，ある部分は1m，ある部分は9mというように，たくさんずれるところとそうではないところがありました。

海のプレートが陸のプレートの下に沈み込んでいくときに起きるプレート境界地震の断層面は，海洋プレートと大陸プレートの境界面そのものです。大きな圧力でがっちりとくっついている境界面には，海洋プレート自身の沈み込みによって，押し合う力が働いています。がっちりくっつくことを「固着」といいます。プレート境界面では常にスルスルと動いているところと，がっちりと固着しているところがあって，周りがスルスル動いていくため，固着しているところにはひずみが溜まり，そこがあるとき急にはがれて地震を起こします。

活断層やプレート境界などの断層面上で，通常は強く固着していて，あるときに急激にずれて地震波を出す領域のうち，周囲に比べてとくにずれる量が大きい領域のことを，アスペリティといいます。アスペリティがずれると，大地震が発生するということになります。　　　**（慶 祐一）**

地震は，太平洋プレートなどのプレート同士の境界や活断層で発生します。

普段はその境界面はくっついていますが，力が加わり続けています。境界面のくっつき方の違いにより，しっかりと固着している領域と，スルスルとすべりやすい領域とがあります。このしっかりと固着している部分を，アスペリティと呼びます。

すべりやすい領域は常に少しずつですが動いており，しっかり固着しているアスペリティに集中して力が加わり続けます。この力に対して，アスペリティ領域の耐力が限界に達して一気にすべることで，大きな地震が発生することになります。

地震が発生した際に，どの面の，どこが，どのくらいずれ動いたかは，観測された地震波を解析することで調べることができ，その量を等高線のように現した図をすべり分布図といいます。すべり分布図において，アスペリティは山頂のようになって表現されます。

アスペリティの位置，大きさや形状などが，その位置で発生する地震の性質に大きくかかわってくることになります。

（冨澤 健）

建築構造用語事典 II　　037

アンボンドPC
鉄筋の継手
機械式継手
コールドジョイント
プレキャストコンクリート
ジャンカ
中性化
定着
中空スラブ
アルカリ骨材反応
高強度コンクリート
土間スラブ
プレビーム
あと施工アンカー
かぶり厚さ
短柱

Ⅱ章

RC系
013〜028

013

アンボンド PC

**Unbonded
Prestressed Concrete**

Ⅱ章

RC 系

プレストレストコンクリート（以下，PC という）構造には，鋼材とコンクリートの付着力を期待するボンド工法と付着力を期待しないアンボンド工法があり，アンボンド PC とは，後者の工法を採用した PC のことをいいます。

ボンド工法は，鋼材とコンクリートとの間にグラウト材などを施します。

アンボンド工法は，PC 鋼材の周囲にグリース材やポリエチレン材などを施して被覆し，鋼材の錆を抑止します。

アンボンド PC におけるプレストレスの導入は，コンクリートの硬化後に PC 鋼材を緊張するポストテンション方式によって行います。また，アンボンド PC 鋼材には，あらかじめ被覆材が施してありますので，工事現場におけるコンクリート硬化後の PC 鋼材の挿入やグラウトの注入工事を必要としないのが特徴です。

アンボンド PC に使用する PC 鋼材は，比較的小さな導入力にしか対応できないため，大規模な導入力を必要とする部材への適用は少なく，代表的な使用事例は床スラブや小梁となります。なお，改修工事などによるコア抜きで PC 鋼線を切断してしまうと，致命的な構造体の損傷につながりますので，アンボンド PC 部材へのコア抜き工事は，とくに注意が必要になります。

（奥出久人）

アンボンド PC は，英語で表現すると UNBONDED PRESTRESSED CONCRETE といいます。UNBONDED とは付着がないという意味です。

通常のポストテンション方式のプレストレストコンクリートの場合は，シースと呼ばれる管を配置し，シース内に PC 鋼材を挿入して，コンクリートの打設硬化後，所定の強度に達してから PC 鋼材を緊張し，プレストレスを導入します。そのあと，PC 鋼材の防錆や PC 鋼材とコンクリートの付着を確保するため，シース内空間にグラウトを注入します。

一方，アンボンド PC の場合は，PC 鋼材にあらかじめ防錆材が施され，シースで保護されている「アンボンド PC 鋼材」を配置し，付着がないためコンクリートの打設硬化後でも PC 鋼材の緊張が可能となります。そのため，通常のグラウト工法の場合よりも現場での施工手間が大幅に削減でき，グラウト不良や忘れがなく防錆の点でも信頼性が高いものとなります。

これまでアンボンド PC は，付着がなく平面保持仮定が成り立たないことや，定着具の繰返し応力に対する信頼性などの観点から，床や小梁などの地震力を受けない部材に主に使用されてきました。しかし，2007 年の告示改正により，大梁・柱部材などの主要構造部材にも使用することが可能となり，今後その利点を活かした実用化がなされていくことが想定されます。

（坂田博史）

プレストレストコンクリート（PC）構造は，コンクリートに PC 鋼材と呼ばれる高強度な線材を用いてあらかじめ圧縮力を与えておくことで，引張に弱く圧縮に強いコンクリートの特性を最大限活用できる構造です。

コンクリート硬化後に圧縮力を導入する工法では，PC 鋼材はコンクリート打設前に配筋し，コンクリート硬化後に PC 鋼材を引っ張ることになります。そのため，PC 鋼材はシースと呼ばれる被覆材で覆われた形状となっています。この被覆材と鋼材の隙間を高強度モルタルで充填するのが「ボンド工法」，隙間にあらかじめ防錆材が充填され，モルタルの充填が不要なのが「アンボンド工法」です。

コンクリートと PC 鋼材の間に，付着（ボンド）がないことがアンボンド工法の特徴です。アンボンド工法により製作された部材がアンボンド PC（部材）です。アンボンド工法は，ボンド工法と比較して，モルタル充填が不要となるため，施工性の面で大きな利点があります。一方で，コンクリートと PC 鋼材の間に付着がないために，平面保持は成立せず，最大耐力や変形性能，またそれを用いた耐震設計法について，十分に整備されているとはいいがたい状況にあります。

以上のような状況から，アンボンド工法はスラブ・小梁などの二次部材や，耐震壁などにより十分に耐震性を確保された建物の大梁に用いられることが多いです。

（吉田　聡）

014

鉄筋の継手

Reinforcing Bar Splice

Ⅱ章

RC系

鉄筋は一般的に，運搬や現場での作業性を考慮して，一定の長さに切断（加工）されたものが現場に搬入されます。現場では，鉄筋を組み立てる際，搬入された鉄筋同士を接合する必要があります。その鉄筋を，材軸方向に接合する部分のことを「鉄筋の継手」といいます。

鉄筋の継手にはさまざまな種類があり，鉄筋同士を所定の長さで重ね合わせることにより応力伝達を行う「重ね継手」，鉄筋の接合面を加熱し圧力をかけ接合させる「ガス圧接継手」，鉄筋の接合面を溶接し接合する「溶接継手」，カプラーなどを用いて鉄筋を接合する「機械式継手」などがあります。なお，上記に示す鉄筋の継手は，周辺のコンクリートとの付着により応力の伝達を行う「重ね継手」と，鉄筋の応力をそのまま伝達する「ガス圧接継手」「溶接継手」「機械式継手」に大別されます。また，継手部に要求される性能は同じであり，各継手により品質管理の手順が定められています。

（西本　保）

鉄筋コンクリート構造（RC）部材の内部には，鉄筋が不可欠です。圧縮に強いが引張に弱いコンクリートを，引張に強い鉄筋が補強することで強固な RC 部材となります。

　内部の鉄筋は端から端まで1本のつながった棒鋼であることが理想ですが，そのような長いものは製作しにくい・工事現場に運びにくいなどの理由で，ある程度の長さのものをつなぎ合わせて設置します。そのつなぎ合わせる部分を，「鉄筋の継手」と呼びます。

　鉄筋の継手は，別々の鉄筋をつながった鉄筋と同等の引張性能にする必要があります。比較的太い鉄筋は，別々の鉄筋を工事現場にて圧接または溶接することで1本につなげます。もちろん，その圧接部や溶接部が十分な引張性能を有していることを試験で確認します。比較的細い鉄筋は，既定の長さ以上に重ね合わせて設置すれば，コンクリートと一体化してつながった鉄筋と同等の引張性能になります。たとえば，短かったガムテープの端を少し重ねて貼り合わせて伸ばすイメージです。

　近年，プレキャスト部材の活用が増えています。プレキャスト部材同士を接続する際は，その内部の鉄筋を圧接や溶接することも，重ね合わせることも難しいため，「機械式継手」という特殊な工法が開発されています。これら各種の鉄筋継手工法が存在しなければ，鉄筋コンクリート構造は成立しなかったといっても過言ではないでしょう。

(前川元伸)

鉄筋コンクリート造に用いられる鉄筋は，定尺の鉄筋を継いでいくことで，柱や梁，床や壁などの形状が作られます。この鉄筋同士を継いでいくことを，「鉄筋の継手」といいます。

　鉄筋の継手にはいくつかの種類があります。鉄筋同士を重ねあわせて接合する「重ね継手」は，細径の鉄筋で構成される床や壁などで多く使われます。鉄筋の小口同士を突き合わせ，両側から圧力をかけて高温で接合する「ガス圧接継手」は，柱や梁の主筋の継手に多く用いられます。その他，鉄骨の溶接技術を応用した「溶接継手」や，異形鉄筋の節（ふし）の噛み合いを利用する「機械式継手」があり，いずれもガス圧接継手では施工が困難な場所に多く用いられます。

　いずれの鉄筋継手も要求品質はほぼ同じ，一言でいえば母材よりも強いこと，です。きちんと施工された場合には，鉄筋母材よりも鉄筋継手部の強度が高くなります。そのため，鉄筋継手はきちんと施工されていることの確認が非常に重要です。一般的には超音波探傷試験や，施工した鉄筋継手を切り出しての引張試験により確認します。

　鉄筋継手を設ける位置にはルールがあります。応力が小さい部分に設けること，隣り合う鉄筋同士の継手位置を同じ位置にしないこと，などです。万が一，継手部の強度が十分でなくても重大事故を防止するための「転ばぬ先の杖」に相当するものです。

(吉田　聡)

015

機械式継手

Mechanical Bar Splice

Ⅱ章

RC 系

機械式継手とは，鉄筋の継手の一種です。

鉄筋を直接接合して応力伝達を行うのではなく，機械的に鉄筋をつなぎ合わせることで応力伝達を行います。機械式継手にはさまざまな種類のものがあり，ねじ状に形成されている鉄筋をカプラー内に接続することで継手とする「ねじ節鉄筋継手」，異形鉄筋のねじ部を摩擦圧接したものか，異形鉄筋の端部をねじ加工したもの同士をカプラーで接合し，ナットで締め付けることにより固定する「端部ねじ加工継手」，異形鉄筋と異形鉄筋の継ぎ目にスリーブをかぶせ圧着し，異形鉄筋の節にスリーブを食い込ませて固定する「鋼管圧着継手」，鉄筋を挿入したカプラー内に高強度モルタルを充填し，モルタルを介して応力の伝達を行う「モルタル充填式継手」があります。モルタル充填式継手には，モルタルの代わりにエポキシ樹脂を使用するものもあります。

機械式継手は，全数継手が可能なこと，天候に左右されずに作業が可能になることがメリットとして挙げられます。よって，プレキャスト部材の鉄筋を接合する際や鉄筋先組工法に多く用いられています。

（西本　保）

鉄筋は，製造，輸送や現場での作業性を考慮して一定の長さで現場に搬入されるため，それよりも長い柱・梁・スラブの鉄筋同士をなんらかの方法でつなぐ必要があり，それを継手といいます。その継手の種類の中に，機械式継手があります。

継手には引っ張ったり，押したりしても力をきちんと伝えることができる性能が求められ，機械式継手は特殊鋼材製の鋼管（スリーブまたはやカプラー）などの継手金物がその性能を担っており，直列に並んだ2本の鉄筋を継手金物でつかむことにより，鉄筋に生じた力を継手金物に伝達し，継手金物から他方の鉄筋に伝達させています。

機械式継手の種類には，ねじ状に圧延された鉄筋を雌ねじ加工したカプラーを用いて接合するねじ節鉄筋継手と，鉄筋とスリーブの間に高強度モルタルを充填して接合するモルタル充填継手があります。

一般に多く使用されている重ね継手やガス圧接継手と比較して，高強度および太径鉄筋に向いている継手であり，超高層集合住宅のプレキャスト工法などに多く採用されています。

長所としては，特別な技量を必要としないこと，天候に作用されにくいということがあります。短所としては，継手の材料費を含めてコストが比較的高いこと，継手金物の径は鉄筋よりも大きいために鉄筋のかぶり厚さが多く必要になることなどです。
（古島正博）

機械式継手は鉄筋を直接接合するのではなく，異形鉄筋の節と継手金物（スリーブまたはカプラー）の噛み合いを利用して接合する工法です。鉄筋に生じた引張力は，鉄筋表面の節からせん断力として継手金物へ伝達される機構です。

機械式継手は施工の合理化を目的とした鉄筋先組工法やプレキャスト工法の継手として開発されました。機械式継手には多くの種類がありますが，現在よく使われているものは，内部にリブ加工されたスリーブに普通鉄筋を挿入し，隙間を高強度モルタルなどで充填する方法と，ねじ節鉄筋（鉄筋表面の節がねじ状に加工された鉄筋）を内部にねじ加工されたカプラーでつなぎ，鉄筋とカプラーの隙間にグラウトを充填する方法です。

今日，多く用いられているガス圧接継手は，とくに太径鉄筋の接合には時間・技能を要します。機械式継手は，各継手メーカーが与える作業資格があれば施工可能で，安定した施工性が確保できるため，太径鉄筋を必要とする高層RC造には，機械式継手が広く用いられています。

機械式継手は，RC部材の同一断面で接合する「イモ継ぎ」が可能です（継手製品ごとの仕様は要確認です）。また，継手金物部のかぶり厚さには注意が必要になります。施工管理では，鉄筋の継手金物への挿入長さの管理が重要となります。
（大住和正）

016

コールドジョイント

Cold Joint

Ⅱ章

RC系

　コンクリートを打ち込む際に，先に打ち込まれたコンクリートと後から打ち込まれたコンクリートが意図せずに一体化されず，打ち重ね部分が不連続な面となってしまうことを一般的に「コールドジョイント」といいます。

　この不連続面は，付着が悪くなり，構造上の欠陥となってしまう可能性があります。また，不連続面にはひび割れが発生する可能性が高く，ひび割れから雨水がコンクリート内部に浸入し，鉄筋を腐食させる原因にもなります。よって（一社）日本建築学会「建築工事標準仕様書・同解説 JASS5 鉄筋コンクリート工事2018」では，打ち重ね部分が不連続な面とならないように打重ね時間間隔について，下記に示す時間を推奨しています。

　外気温　25℃未満の場合　2.5時間以内
　　　　　25℃以上の場合　2.0時間以内

　一方，先に打ち込まれたコンクリートが硬化した後に，新しく打ち込まれたコンクリートと意図して一体化された面を打ち継ぎ部分といいます。硬化したコンクリートと新しく打ち込まれたコンクリートとが，一体化されるように打ち継ぎ部分には適切な表面処理が行われます。

（島田安章）

コールドジョイントとは，生コンクリートの打ち込み時における施工不良によってできる，硬化コンクリートの不連続な継ぎ目のことをいいます。

コンクリートは一度に最上端まで打ち込むことができませんので，一般には何度かに分けて生コンクリートを積み増していきます。その際，先に打ち込まれた，まだ固まっていないコンクリートと，新たに打ち込んだコンクリートとを一体化させるために，バイブレーターなどを使って締め固めます。その締め固めが不十分であったり，時間が経過して先に打ち込まれたコンクリートが固まってしまったりすると，コールドジョイントが発生します。

コールドジョイントはコンクリートの一体化不足による構造性能の低下となるだけでなく，その部分の水密性が低下しますので，とくに外壁面で発生すると漏水の原因ともなります。また，中性化が促進されたり，強度不足を招いたりしますので，コールドジョイントが発生した場合は，適切な補修を行う必要があります。

（奥出久人）

建築物のコンクリートの打設は，コンクリートが一体化するよう連続的に打設するのが原則ですが，打設範囲が広い場合は，何層かに分けてコンクリートを打設します。この場合，下の層とその上に重ねて打設されるコンクリートの時間間隔が長くかかると，一体性が損なわれ，不連続な面を生じることがあります。これをコールドジョイントといいます。打設されたコンクリートは時間が経つと，凝結が進むとともに，ブリージング（コンクリート中の水分が上面に上昇する現象）により，セメント・骨材などの微粒分が表面に上昇して脆弱な層（レイタンス）をつくります。その状態で上の層のコンクリートを打設すると，打ち重ね面は一体性のないひび割れと同様の状態となります。これがコールドジョイント発生の原因です。

コールドジョイントの発生を防ぐためには，凝結がまだ緩やかで，上の層と下の層のコンクリートを振動締固めで一体化できる時間以内に打ち重ねる必要があり，運搬時間も加算して 2〜2.5 時間以内が推奨されています。

コールドジョイントは，山陽新幹線の福岡トンネルのライニングコンクリート（無筋コンクリート）の落下を契機に問題視されるようになりましたが，鉄筋コンクリート造においても，コールドジョイント部からの鉄筋の腐食の増大は耐久性を損なうこととなるため，その発生を防ぐよう施工する必要があります。

（大住和正）

017

プレキャスト コンクリート

Precast Concrete

Ⅱ章

RC系

　プレキャストコンクリートは英語で表現するとPRECAST CONCRETEといいます。PRECASTとは，PRE（前もって）CAST（成形された）という意味で，前もって成形されたコンクリートということになります。これに対し，現場打ち（場所打ち）コンクリートは，CAST-IN-PLACE CONCRETEといいます。また，「プレコン」や単に「プレキャスト」との略称，あるいは「PC」やプレストレストコンクリートと区別して，「PCa」の呼称が用いられる場合もあります。

　一般に，前もって成形される場所は，工場の場合が多いですが，製造する敷地がある大きな現場の場合には，現場で製造されることもあり，これを「サイトPC」といいます。

　ところで，工場で製造する利点は何でしょうか？　①天候に左右されず，整備されている工場で製作されるため，高品質・高精度である。②工場製品を現場で組立て，現場での省力化・合理化により工期短縮が図れ，工程管理も容易である。③鋼製型枠の再利用・工事車両数の削減・騒音や粉塵の縮減により，環境(地球・近隣・現場環境)にやさしいことなどが挙げられます。

　最近では，働き方改革，職人や熟練工の不足，労務単価の高騰などが取り沙汰される中，生産性を向上するため，今後どんどん建築物のプレキャスト化が盛んになっていくことが想定されます。

（坂田博史）

プレキャストとはあらかじめ（プレ）成形（キャスト）という意味で，プレキャストコンクリートは工場や製作ヤードであらかじめ製造したコンクリート製品ということです。実は，側溝，マンホール，橋桁など，私たちの身近なものにも多く使われており，子供の頃遊んだ積木と同じで，取扱いが可能な大きさおよび重さに製造した後，現場へ持ち込み，揚重機を用いて現場に据え付け組み立てます。

型枠は木製ではなく，主に鋼製を用いて製作するため，型枠の転用ができるため，超高層建物のように同じ形状の部材（柱・梁・スラブ・ビルの外装）を数多く造る，現場での製作困難な造形性の高い部材（大空間の屋根や天井現しのスラブ）の製作に向いています。

長所としては現場打ちコンクリートに比べて，現場での鉄筋および型枠作業やコンクリートの現場打設量が減り，工期の短縮が図ることができます。また，作業がしやすい工場や製作ヤードでの製作のため，安定した品質で精度を高く仕上げることができます。

短所としては，プレキャストコンクリート間の接合方法（鉄筋継手，部材間に目地が発生するなど）が難しいことや，仮設計画を含めて合理的に計画しないと，コストが比較的高くつくことです。

（古島正博）

あらかじめコンクリートを打設する，つまり現場ではなく工場などで製作されたコンクリートを意味し，プレキャストは「PCa」で表します。

地中のインフラなどに利用されているヒューム管，側溝に使うU字溝，コンクリートブロック，外装カーテンウォールなどが，プレキャストコンクリート製品に該当します。

通常の現場で行っている型枠，支保工，配筋，コンクリート打設，養生，脱型といった作業を工場で行います。工場製作なので型枠の精度が高い，雨・風・日射しの影響を受けない，蒸気養生により品質向上と効率化が図れるなど，メリットは数多くあります。

現場打ちコンクリートでは難しい薄い壁や，階段などは，たとえば型枠を横にして打設すれば格段に作りやすくなり，同一形状の製品が精度よく作れます。労務の確保が困難な時には，PCa化で効率よく製作できるので，現場作業を抑えるために有効です。鋼製型枠で製作するので，木製型枠を使う現場打ちコンクリートに比べて，環境にも優しいといえます。現場打ちに比べるとコストは割高で，部材形状の種類と型枠の数が影響を与えます。

PCaコンクリートの採用に際しては，コスト，工期，仮設計画，現場作業の省力化など，総合的に評価する必要があります。

（秋田 智）

建築構造用語事典 II　　049

018

ジャンカ

Rock Pocket

Ⅱ章

RC系

ジャンカは豆板ともいい，鉄筋コンクリート造のコンクリート工事にみられる不具合の一つです。建築現場で打ち込まれるコンクリートは，セメント，水，細骨材，粗骨材，混和材料で構成されています。粗骨材と細骨材は，小石に砂が混ざったもので砂利ともいいます。この小石と砂，水などを，セメントが糊となって結合したものがコンクリートです。

ジャンカは，コンクリートの打込み時にセメント糊と砂利が上手く結合できずに分離してしまい，コンクリートが固まったときに，砂利が表面に露出した状態をいいます。ひどい場合では，空隙が見られることもあります。

このジャンカは，柱または壁下部の打継ぎ部で他に比べ高い位置から打ち込まれたコンクリートが，配筋やセパレーターなどにより分離すると生じます。

防止するためには，コンクリート打込み時に締固めなどを適切に行うことが必要です。また，ジャンカが生じた場合は，補修を行う必要があります。

（尾添政昭）

コンクリートに生じる欠陥の一つに、「ジャンカ」があります。コンクリートは水とセメントや骨材などで構成され、それらが均一に混ざった状態になっていますが、型枠に流し込む際に、何らかの原因により材料が分離してしまい、骨材だけの状態で固まってしまった箇所のことをいいます。

ジャンカの有無は、型枠を取り外したあとにチェックします。ジャンカの表面はごつごつした小石の集まりのような状態になっているため、別名「豆板」とも呼ばれます。

発生する原因には、高い場所からコンクリートを打設したり、締固めが不十分であったり、型枠の隙間から水やセメントが漏れ出てしまったケースなどが考えられます。

コンクリートは振動を与えると、流動性がよくなる性質があり、空隙の少ない密なコンクリートとするのに効果的です。

そのため、ジャンカのような欠陥を生じさせないために、打設時にバイブレーター（棒形振動機）を直接挿入したり、型枠を叩いたりする「締固め」を十分に行うことが大切です。また、施工計画の際、必要な締固め人員や振動機が準備できているか、検討することもポイントです。

(倉長哲司)

ジャンカはコンクリート打設の不良事例の一つで、バイブレーター（振動機）による締め固め不足や、高い場所からのコンクリート打設によるセメントと砂利の分離などにより空隙ができ、強度が下がり、脆くなっている状態をいいます。断面性能の低下、コンクリートの中性化、鉄筋の腐食の促進などの影響を及ぼします。

ジャンカを生じさせないためには、コンクリートが固まる前にバイブレーターでコンクリートに振動を与えて砂利の間の余分な空気を抜き、隙間にセメントペーストを埋めるように密実にコンクリート打設を行います。打設高さを低くして、材料分離が生じにくい環境にすることも有効です。また、型枠からセメントペーストの漏れを防ぐために、型枠の隙間を極力減らすことも有効です。

ジャンカが発生してしまった場合、その程度によって修復方法は異なりますが、ポリマーセメントモルタルを塗布したり、不良部分の一部を除去してポリマーセメントモルタルを充填したり、コンクリートを打ち直したりして、健全な状態にすることが必要です。

(安野　郷)

019 中性化

Carbonation

II 章
RC 系

　中性化とは，空気中の二酸化炭素の作用を受けてコンクリート中の水酸化カルシウムが徐々に炭酸カルシウムになり，コンクリートのアルカリ性が低下する現象をいいます。

　鋼材の周囲を包んでいるコンクリートが中性化すると，鉄筋の不動態被膜が破壊されやすくなるため，水や酸素の浸透により鉄筋が錆び，構造物の耐荷性や耐久性が損なわれます。

　密実なコンクリートほど中性化の進行は遅くなります。また，水中養生期間が長いほど，養生温度が高いほど中性化速度が遅くなる傾向にあります。一般に，二酸化炭素濃度が高いほど，湿度が低いほど，温度が高いほど，中性化速度は速くなります。

　中性化進行深さ測定は，フェノールフタレインの1%エタノール溶液を利用した方法が一般的です。pH8.2〜10.0以上のアルカリ側で赤紫色に発色し，中性側で無色となります。コンクリート表面から着色部までの距離を3〜5点測定し，その平均値を中性化深さとします。

　中性化対策としては，①中性化の進行の抑制，②鉄筋の腐食進行の抑制などがあります。タイル・石張りなどの仕上げや，かぶり厚さを大きくしたり，気密性の吹付け材を施工したりすることも有効です。また，一旦中性化したコンクリートにアルカリを電気浸透させることで，低下したpHを上昇させる再アルカリ化工法も開発されており，大阪城天守閣の補修工事などで施工されています。　**(伊藤栄治)**

中性化（Carbonation）とは，大気中の二酸化炭素がコンクリート内に拡散し，本来高アルカリ性（pH12以上）であるコンクリートが中性（pH8.5〜10）に近づく現象です。この段階においてコンクリートは強度を保っていますが，鉄筋の表面を覆っている不動態被膜が失われ，鉄筋の腐食が進行することにより鉄筋コンクリートとしての性能が損なわれることが問題となります。

中性化は大気に触れるコンクリート表面から起こるため，コンクリート表面から鉄筋までの距離であるかぶり厚を大きくすることにより，中性化深さが鉄筋に及ぶまでの時間を遅らせることができます。また，一般的に気温が高いほど，大気の二酸化炭素濃度が高いほど，中性化の進行速度は速くなる傾向にあります。

コンクリートの中性化深さを測定する方法として，pH10以上のアルカリ性に対して赤紫色を呈するフェノールフタレイン溶液を用いる方法があり，電動ドリルによりコンクリートに所定の深さの孔をあけ，その際に生じる粉が溶液に反応しなければ，その深さまで中性化が進行していることがわかります。

（宇野綾真）

鉄筋コンクリート構造は，コンクリートと鉄筋の組合せによりそれぞれの短所を補い合い，一体となって強度を発揮しています。

また，鉄（筋）は大気中に暴露すると，いずれ大気中の酸素や水分と反応して錆びていきますが，アルカリ性の強いコンクリートの中に配置することによって，長期間に渡って錆の発生（酸化）が抑えられています。

しかし，コンクリートも長期間大気に触れていると，大気中の二酸化炭素によって酸性化して中性に近づいて（「中性化」して）いきます。表面の仕上げにもよりますが，人間の呼吸による二酸化炭素が発生する室内側のほうが，屋外側より中性化の進行は早いといわれています。

コンクリートが中性化することによって，アルカリ性のコンクリートに守られていた鉄筋が錆びて，耐力が低下するとともに，錆によって鉄筋が膨張して表面のコンクリートがひび割れていきます。そのひび割れによって，さらに発錆・ひび割れ・表面剥離・漏水などが進行し，劣化していきます。

建物の寿命は，更新ができない構造体によって決まると考えられますが，鉄筋のかぶり厚さを大きくするなど，コンクリートの中性化に対して配慮することも，建物の長寿命化を図る一因になると考えられます。

（中川幸洋）

建築構造用語事典 II

020 定着

Anchorage

Ⅱ章
RC 系

R_C部材では，それを支持する部材内に所定の長さだけ鉄筋を延長して，埋込み部分の付着力あるいは支圧力によって鉄筋の引張力を支持部材のコンクリートに伝達し，コンクリートの応力伝達と一緒になって部材応力を支持部材に伝達します。鉄筋のこの延長部分を，定着と呼びます。

施工性の向上のために，鉄筋端部に鋼板やナットなどの定着金物を接合したり，鉄筋末端を大きく成形するなどした機械式定着を用いることもあります。定着は構造上非常に重要な部分であり，どのような定着を用いるかは施工計画やコストに影響があるため，定着長さや納め方，機械式定着を用いる場合はその方法を構造図に記載します。

定着長さは，鉄筋の応力度の大きさ，コンクリートの強度と種類によって定まる許容付着応力度や，鉄筋末端のフックの有無などによって本来は決まるものですが，個々に指示するのは実用性に欠けるので，鉄筋の種類とコンクリート強度を段階的に大きく区分して，フックの有無に応じて直線定着とフック定着とに分けて，定着長さを定めた表を用いることが一般的です。

機械式定着では，指定性能評価機関などにより性能が確認された定着工法を用いて，その設計・施工指針に従います。

（増田寛之）

鉄筋コンクリート造の建物において，床スラブから梁，梁から柱など，異なる部材へ接続する場合に，鉄筋を伸ばして相手側の部材にしっかりと埋め込むことを「定着」といいます。

ここで，地面に棒を突っ込んだ状態を想像してみてください。棒の突っ込む長さが短いと，棒を引っ張ると簡単に抜け出してしまいますが，地面への埋込み長さを長くするほど，抜け出しにくくなり，ついには抜けなくなってしまいます。

同様に建物の各部材の鉄筋も，定着が不十分だと，想定した力を発揮する前に抜け出してしまいます。そのため，鉄筋がその能力を十分に発揮するには，必要な定着長さが確保されていることが重要なポイントになります。

必要な定着長さは，一般的に「鉄筋径が太いほど，また鉄筋強度が高いほど」長くなり，「コンクリート強度が高いほど」短くなる関係があります。

構造図では，床スラブや小梁などの主に長期荷重を受ける部材や，柱や梁など地震時に大きな力を受ける部材について，それぞれの想定される力の違いに応じた定着長さが規定されています。

（倉長哲司）

定着とは，鉄筋コンクリート構造で，柱，梁，スラブ，壁などの鉄筋を，それを支える部材に埋め込ませて鉄筋に生じる応力を伝達することをいいます。

応力の伝達は，埋め込んだ鉄筋とコンクリートとの付着力によって行われます。そのため，応力伝達のために必要な鉄筋埋込み長さ（鉄筋の表面積），「必要定着長さ」が規定されています。

必要定着長さは，コンクリート強度，鉄筋強度，鉄筋の定着部形状の組合せによって変わります。

鉄筋の定着部形状は，直線定着，フック付き定着が一般的です。鉄筋の終端に定着具を設けた機械式定着は，柱梁主筋など太い鉄筋径の定着に多く用いられています。定着具部分でのコンクリートの支圧力が期待できるため，機械式定着の必要定着長さは，一般的な定着より短くなっています。

近年，折り曲げ定着した鉄筋の掻き出し破壊に対する配慮として，支持部材への折り曲げ部までの水平長さ「投影定着長さ」の規定が新たに設けられています。

（橋本宗明）

建築構造用語事典 Ⅱ

021 中空スラブ

Void Slab

Ⅱ章
RC系

近年,集合住宅における上下住戸間の遮音性の向上の要望が高まっています。スラブの遮音性を向上させるには,小梁を多く設けてスラブ面積を小さくする方法と,スラブ厚を厚くしてスラブの剛性を大きくする方法の二通りの方法があります。小梁を多く設けた場合,天井下部に梁型が出てきてしまい,居住空間の快適性の面でデメリットとなります。一方,スラブ厚を厚くする方法により遮音性の向上を図る方法は,スラブの重量が増となってしまい,柱や梁・基礎に至るまで負担が大きく,断面が大きくなり,躯体に掛かるコストも大きくなります。

中空スラブは,その重量増を極力減じながら,スラブ厚を厚くするために開発された工法です。中空スラブの原理は,コンクリートスラブの中に,鋼管や発泡スチロールなどを埋め込むことで,スラブ断面を中空にし,重量の増加を抑えながらスラブ厚を厚くし,スラブ剛性を大きくすることができます。

中空スラブは,さまざまなメーカーが種々の工法を開発しています。たとえば,コンクリートに打ち込まれる発泡スチロールの形状を,矩形・球形・波形にしたものや,現場で施工するPCa版と一体とさせたものなどがあります。これらは,建物の規模や現場の状況によって選択することが可能です。

(福本義之)

建築物において床（スラブ）は，階を構成する水平な板で，一般に鉄筋コンクリートや鉄で構成されています。床に要求される構造性能は，積載物の荷重を支え，床を支える梁や柱に荷重を伝達させることです。一般に大きな荷重を支えるためには，頑丈な構造体とする必要があり，その厚みは厚くなります。しかしながら，厚みが厚くなると，床そのものの重量も重くなり，床を支える梁や柱も頑丈にしなければならず，大きな梁や柱が必要になります。

　そこで考案されたのが，中空スラブです。コンクリート製の床で，床の荷重支持能力に比較的影響の少ない床の厚さ方向の中央部分にコンクリートを詰めずに中空とすることで，床そのものの軽量化を実現したものです。中空とするために，一方向にパイプを埋め込んだものや，球状の発泡スチロールを埋め込んだものなどがあります。

　この中空スラブの最大の特徴が，床を支える梁を減らすことができる点です。広い面積で床の裏側をフラットにすることができるため，必要な天井高さを確保しながら，建物全体の高さを低くすることも可能です。また，天井裏の設備配管を自由に配置することができるので，将来の変更にも柔軟に対応することが可能です。

（西崎隆氏）

鉄筋コンクリート造の床スラブ内に中空部をつくり，自重の軽量化を図ったもので，ボイドスラブとも呼ばれています。床スラブコンクリートを打設する際に，鋼製のパイプもしくは角形・球形の発泡スチロールをあらかじめ一定の間隔で設置しておいて埋め込むことで，スラブ断面の中央部に中空部をつくります。中空スラブの断面はあたかもI形梁を横に並べたような形状となるため，強度，剛性の面で非常に効率的な構造となります。

　中空スラブの特徴として，小梁を設けることなく大面積・長スパンの床を構築できることが挙げられます。小梁が不要なので，室内に梁型が出ないスッキリとした空間を実現することができ，天井面が平らなので天井の仕上げを安くすることができます。一般的な建物の場合，中空スラブの厚さは短辺方向支持スパンの1/30程度で設計することが可能であり，室内に梁型が出ない平面計画・構造計画とすれば，階高を低く抑えることができます。したがって，高さ制限のある地域においては有効な解決方法の一つといえます。

（山本康一郎）

022

アルカリ
骨材反応

**Alkali
Silica Reaction**

Ⅱ章

RC系

反応性骨材が，コンクリート中の高いアルカリと反応し，アルカリシリカゲルという反応生成物が生成され，これが吸水膨張することでコンクリートに異常な膨張やひび割れが発生する，コンクリート構造物の耐久性を低下させる現象です。アルカリ骨材反応には，アルカリシリカ反応（ASR；Alkali-Silica-Reaction）とアルカリ炭酸塩反応がありますが，わが国で報告されているものは主にASRです。日本においては，1980年代にASRが問題化したことを受け，調査・研究が進み，1989年には骨材中のシリカ分の含有量を制限するなど，抑制対策がJISに明記されるに至り，それ以降の新設構造物ではほぼ見られなくなりました。しかし，過去に施工されたコンクリート構造物では，亀甲状のひび割れやコンクリートの表面が薄い皿状に剥がれ落ちるポップアウト，赤褐色の変色などASRの特徴がみられることがあります。

対策は，第一に反応性骨材を用いないことです。このため，反応性試験において無害と判定されたものを用いる必要があります。他に，ASRは「反応性骨材」「アルカリ」「水」が三つ揃ったときにはじめて発生する現象ですから，低アルカリセメントを用いること，コンクリート中のアルカリ総量の規制を行うこと，なども有効ですし，すでにASRが生じてしまった場合には，コンクリート中への水分の浸入を低減する対策として，表面保護工法，ひび割れ注入工法などが有効です。

（大谷康二）

アルカリ骨材反応とは，反応生成物（アルカリ・シリカゲル）の生成や吸水に伴う膨張によって，コンクリートにひび割れが発生する現象です。拘束の小さな無筋コンクリート構造物では亀甲状のひび割れが生じ，鉄筋コンクリートでは主筋方向にひび割れが生じます。

アルカリ骨材反応による有害な膨張は，①反応性鉱物を含む骨材がある量以上存在し，②細孔溶液中に十分な水酸化アルカリが存在し，③コンクリートが多湿または湿潤状態におかれていること，の三つの条件が同時に成立して初めて起こります。

雨や水分の影響を受けやすい打放しの構造物や，内部の水分が乾燥しにくいマッシブな構造物は膨張による損傷が生じやすいです。また，アルカリ骨材反応が生じると，凍害や化学的浸食に対する抵抗が低下し，コンクリート中の鋼材が腐食する可能性が増大します。

アルカリ骨材反応試験は化学的方法およびモルタルバー法です。これらはコンクリートの製造に使用する骨材の反応性について調べる場合に多く用いられます。試験の結果により区分A（無害），および B（無害でない）に区分されます。

JIS ではアルカリ骨材反応抑制方法として，①コンクリート中のアルカリ総量を 3.0 kg/m^{3}以下とすること，②抑制効果のある混合セメントを使用すること，③無害と判定された骨材を使用すること，と規定しています。

（伊藤栄治）

アルカリ骨材反応は，セメント中のアルカリ金属（Ca，K）が骨材に含まれるシリカ鉱物と化学反応することをいいます。化学反応による生成物が吸水することで，コンクリートが膨張し，ひび割れなどの劣化現象を引き起こします。コンクリート表面全体にひび割れが発生するのが特徴で，コンクリートの中性化と異なり，アルカリ骨材反応が起きるとコンクリート強度やヤング係数も低下します。

アルカリ骨材反応の事前の抑制対策として，コンクリート中のアルカリ総量の規制，抑制効果のある混合セメントの使用，安全と認められた骨材の使用があります。

また，アルカリ骨材反応が原因と考えられるコンクリートの劣化に対しては，水分の供給を絶ってアルカリ骨材反応を抑制することが大切です。代表的な補修方法として，外部からの水の浸入を防ぐ表面保護工法があります。

（橋本宗明）

023

高強度コンクリート

High-Strength Concrete

Ⅱ章
RC系

鉄筋コンクリート造の建物を構造設計する場合，柱や梁などの大きさや鉄筋量を決定していきます。その際に，設計者はコンクリートの強度（設計基準強度）を決めます。コンクリートの強度は，1平方ミリ当たりの圧縮強度で表現します。たとえば，低層の建物でよく使用する強度は，18 N/mm²や24 N/mm²などとなります。

建物が高層になると下の階では大きな重量を支えたり，地震のときに大きな力に抵抗しなければならないので，コンクリートに必要な強度も高くなります。高強度コンクリートとは，36 N/mm²を超える強度のコンクリートのことです。

鉄筋コンクリート造の中高層建物では，一般的に高強度コンクリートが採用されますが，超高層建物では200 N/mm²程度のコンクリートが，日本でも採用されるケースが増えてきています。

歴史的にみると1980年代後半に，建設省（当時）がコンクリートの高強度化に関する研究を押し進め，近年ではセメント材料やコンクリートに混和する材料の進化により，飛躍的に使用できるコンクリートの強度は高くなってきています。

（山下靖彦）

高強度コンクリートは，文字どおり強度の高いコンクリートのことを表しています。ただし，どの程度強度が高ければ，高強度コンクリートと呼ぶかという定義は，規・基準によって異なっています。たとえば，JASS 5 では 36 N/mm^2 を超える強度のコンクリートを高強度コンクリートとしていますが，JIS A5308 におけるレディーミクストコンクリートでは，50 N/mm^2，55 N/mm^2，60 N/mm^2 のコンクリートを高強度コンクリートとしています。一般的には，おおむね F_c 50 N/mm^2 以上レベルのコンクリートを，近年では高強度コンクリートと呼ぶと考えられています。これらの高強度コンクリートを用いることで，50 階建レベルの超高層 RC 造の集合住宅や，スパンが大きく柱本数を極力減らした建物を実現させることが可能となっています。

これらの高強度コンクリートを作るためには，セメントを多くし，水を少なくする必要があります。その結果，高強度コンクリートは密実なコンクリートとなるために，中性化に対する抵抗性が良くなり，耐久性の良いコンクリートとなります。一方で，非常にセメント量が多くなるため，固まる前のコンクリートの流動性が悪く，施工性も悪くなります。

また，高強度コンクリートは，火災時に爆裂を起こす可能性が高くなります。そのために，80 N/mm^2 レベルのコンクリートは，ポリプロピレンなどの繊維を混入して爆裂を防止するなどの工夫が必要となります。

(福本義之)

高強度コンクリートとは，（一社）日本建築学会の「建築工事標準仕様書・同解説」によると，設計基準強度が 36 N/mm^2 を超えるコンクリートとされています。高強度コンクリートは，混和剤の開発により水セメント比を小さく抑えられたことにより実現できています。

高強度コンクリートは，従来のコンクリートより強度を高くすることができたことにより，部材断面の縮小や，さらに高い建物を実現することができました。また，中性化速度が遅くなるため，さらに建物の耐久性が向上します。

その一方で，他のことも注意をする必要があります。セメント量が増えているため，熱上昇が大きくなるため，打設時の温度に注意する必要があります。また，火災時に爆裂するおそれがあるため，それらの確認が必要となります。

また，一般的なコンクリートと性状が異なるため，高強度コンクリートのための施工技術が必要となります。粘性が高いため，圧送性能が落ちますし，急激に性状変動することもあるため，事前に性状の把握することが打設時の不具合を避けるための重要なポイントとなります。現在では，100 N/mm^2 を超える超高強度コンクリートと呼ばれる事例も増えてきています。今までコンクリートで実現できなかったこともさらにできるようになりますが，新たな問題も発生してくるため，新しい技術を利用するときは既成概念にとらわれないことが，新しいことを実現するために重要となってきます。

(長島英介)

024

土間スラブ

Dirt Floor Slab

Ⅱ章
RC系

1階の床など，土に接する部分の床に採用される床の形式です。土間スラブは直下の土によって支えられていますので，床は土と上部空間とを仕切る膜の意味合いしかなく，レジャーシートのようなものといってもいいでしょう。土間コンクリートと呼ぶこともあります。これに対し，上階の床は当然その下が空間となっていることから，周囲の梁によって支えられている必要がありますし，スラブ自身も求められる荷重を支えるのに必要な強度を有している必要があります。このようなスラブのことを，構造スラブといいます。1階の床を土間スラブとするか構造スラブとするか，選択が必要となることがあります。土間下が良好な地盤で，ピットなど不要，土のままでよい場合は，土間スラブが選択されることがあります。また，工場などでは将来の機器変更に備えるため採用されることもあります。構造スラブは直下の土が沈下したり，空洞ができても問題ありませんが，土間スラブはこれに伴い沈下を生じます。そのため，土は必要に応じて地盤改良を施しながら十分締め固める必要がありますし，沈下が生じたとしても問題とならないディテールを採用しておく必要があります。土間スラブは構造体でしょうか。スラブが直接荷重を支えるわけではないので，構造計算書に登場することはありませんが，ひび割れ防止の観点から配筋やコンクリートの配合を決めたり，杭に水平力を伝達したりと，重要な部位であることに間違いありません。　**（大谷康二）**

土間スラブは，土間コンクリートと構造スラブの二つの建築用語を合わせた意味をもつものになります。

これらの床は，床板の自重と上に載る人や家具，設備などの重量を支えるものです。土間コンクリートは，地盤に接した床で支える重量を直接地盤に伝える床で，地盤に支えられた床になります。一方で，構造スラブは重量を周辺の梁に伝達できる硬さと強さをもつ床になります。

二つを合わせた建築用語の土間スラブは，地盤に接してはいるが，重量を周辺の梁に伝達できるものをいいます。

この土間スラブを採用するのは，地盤が弱く床を支えるには十分でない場合や，床上に乗せるものが比較的重いもので，地盤では支えきれない場合になります。

実務では構造上の使い分けを明確にするため，土間スラブという言い方はしないで，単に構造スラブということを推奨します。

（尾添政昭）

土間コンクリート（slabs-on-earth）は，地盤により直接支持されるコンクリートの床です。地面に砂利や砕石などを敷き込み，転圧してその上に生コンクリートを流し込んで作ります。

構造スラブに作用する荷重は，周囲の梁に伝達されるため，荷重の伝達に対してスラブ厚および配筋の決定を行いますが，土間コンクリートに作用する荷重は直接地盤に伝達されるため，配筋はひび割れを防止する程度となります。ただし，土間コンクリートの下部の地盤が軟弱である場合には，地盤の沈下とともに土間コンクリートも沈下するため，床がひび割れたり，建具に不具合が生じたりする可能性があります。したがって，計画の際には地盤の状況および建物の使用状況をもとに判断します。

地盤の沈下を防ぐために，土間コンクリート下部の地盤を改良することもあります。また，沈下してしまった土間コンクリートを修正する方法としては，土間コンクリートと地盤の隙間に樹脂を注入して，床を持ち上げる方法などが採用されています。

（宇野綾真）

025 プレビーム

Prebeam

II章
RC系

　H形鋼による単純梁に荷重をかけると、スパン中央部には曲げモーメントが生じ、H形鋼の上フランジには圧縮力、下フランジには引張力が生じます。この鉛直荷重がかかった状態で、下フランジをコンクリートで被覆します。コンクリート硬化後にその荷重を取り除くと、H形鋼の復元力により、下フランジの引張力が被覆したコンクリートを圧縮し、プレストレスを導入することができます。このような工程で作成された鉄骨とコンクリートの合成梁を、プレビームといいます。

　プレビームは、一般的には工場で製作されます。製作にあたっては、設計荷重を与えた際にプレビームが水平となるように、上側にむくりをもたせます。設計荷重が加わった場合のH形鋼の応力は、プレビームでもH形鋼のみでもほぼ同じですが、H形鋼のみの場合と比較すると、被覆コンクリートによって剛性が増大することになります。とくに大スパン架構の梁など、応力よりも変形によって部材断面サイズを決定することが多い場合においては、プレビームを採用することによって、鉄骨梁の最たる弱点である剛性不足を補うことができるため、部材断面サイズを小さくすることができ、合理的な設計が可能になります。

（笹元克紀）

プレビームは，H形鋼の下フランジにコンクリートを被覆し，そのコンクリートにプレストレスを導入して，曲げ剛性を増大させた梁のことです。

具体的には，あらかじめ反りを設けたH形鋼に荷重を加えて強制的に曲げ変形させ，変形を生じさせたままの状態で引張側である下フランジにコンクリートを打設します。その後，コンクリートが硬化したら荷重を取り除いて，強制的な変形を取り去ることにより，プレストレスを導入する構造です。荷重を加えて強制的に曲げ変形させることをプレフレクション，荷重を取り除いて強制的な変形を取り去ることをリリースと呼んだりします。

小さな梁せいでスパンをとばすことができ，振動性能にも優れています。また，RC梁に比べて軽量で軽快な外観であったり，低重心のため安全で容易な施工が可能といった特徴があります。

標準的なプレビームは，工場や現場製作ヤードにて，H形鋼全体の下フランジコンクリートを一括で打設し，硬化後にプレストレスが導入されます。これに対して，スパンが大きく，運搬が困難なプレビームを工場で製作する場合は，添板で接合したH形鋼の継手部を除く下フランジを工場にてコンクリート打設し，添板を外してH形鋼を分割して運搬，現場で再度接合して架設し，継手部下フランジをコンクリート打設することもあります。

(増田寛之)

梁（ビーム）は，その長さが長くなればなるほど，揺れやすくなってくるため，剛性（固さ）を大きくしていく必要が生じます。同じ剛性の梁を作ろうと思ったら，鉄で作るよりも，コンクリートで作った方が安く作れます。しかし，コンクリートは引張に弱いという弱点があります。この弱点を克服するために考案されたのが，プレビームという工法です。プレビームは鉄骨梁の下端部分（H形鋼梁下端フランジの周囲）にコンクリートを設けて，鉄骨とコンクリートを合体させた構造になっています。

作り方に工夫がなされているのですが，まずあらかじめ工場で鉄骨梁の両端のみが支えられた状態を作り，機械で中央部分を下方向に力をかけてたわませます。鉄骨梁が下方向にたわむと，梁の上端は縮み（圧縮），下端は伸びた（引張）状態になります。次に，この状態をキープしたまま（力をかけたまま），鉄骨梁の下端部分にコンクリートを打設します。コンクリートが固まって一体化されたら，下方向にかけていた力を抜いて戻します。すると伸びていた鉄骨梁の下端部分は元に戻ろうとして縮むため，固まったばかりの下端のコンクリートはそれに引きずられて縮み，圧縮状態になります。最後に，この梁を建設地に運んで架設するのですが，この梁のコンクリートは，あらかじめ工場でかけていた力と同じ力が上からかかるまでは圧縮状態が保たれるという構造になっているのです。

(嘉村武浩)

026

あと施工アンカー

Post-Installed Anchor

Ⅱ章
RC系

鋼材や木材などの構造部材や設備機器などをコンクリート造構造物と接合するために，コンクリート内に埋め込まれるボルトをアンカーボルトといいます。位置や取付方法が決まっている場合は，アンカーボルトはあらかじめコンクリートの中に埋め込むことが可能ですが，コンクリートが硬化した後にアンカーボルトを設置する場合には，工夫が必要です。たとえば，コンクリートに孔をあけ，ボルトを挿入して樹脂などを充填するか，またはボルトの先端を機械的に拡張して固定します。これがあと施工アンカーで，コンクリートが硬化した「あと」に「施工」する「アンカー」ボルトの略称です。

建築工事で，あと施工アンカーは大変便利で，耐震改修といった補強工事では必要不可欠です。ただし，建築基準法であと施工アンカーは補強工事に用いる場合にのみ定められており，新築工事における主要構造部の構造部材として使用することは認められていないことに，注意が必要です。

アンカーボルトは，異種材料の接合に用いられるもので，構造性能上きわめて重要な部分です。あと施工アンカーの採用にあたっては，構造設計者は多種多様な製品から最も適切なものを選定し，十分に注意して設計する必要があります。

（笹元克紀）

コンクリートに何かを留める場合，アンカーボルトを用います。アンカーボルトは，計算上必要な長さ分がコンクリートの中に埋め込まれていて，ボルトとコンクリートとの付着力により，一体となって抜けださないような力を発揮します。新築の建物であらかじめ取り付ける位置が決まっている場合は，生コンクリートを打設する段階であらかじめセットしておくことにより，コンクリートの硬化とともに強い付着力を得ることができます（先付けアンカー）。しかし，生コンクリートを打設する時点で位置が決まっていない場合や，すでに固まっているコンクリートに取り付ける場合には，あとからアンカーを打ち込む必要が出てきます。これをあと施工アンカーといいます。あと施工アンカーには，大別して金属系アンカーと接着系アンカーがあります。金属系アンカーは，固まったコンクリートに孔をあけ，そこにアンカーを打ち込み，先端が拡張することでコンクリートにくさびのように食い込んで抵抗力を発揮します。一方，接着系アンカーは，孔の中に流し込んだ接着剤が硬化することで，ボルトとコンクリートが一体化します。あと施工アンカーは，既設建物に補強部材を取り付ける耐震補強工事や，看板などの付属物や，非構造部材，設備機器などを取り付ける際に必要不可欠のものですが，指定建築材料に含まれていないため，主要構造部には使用できません。

（大谷康二）

読んで字の如く，アンカーボルトのうち，すでに出来上がっているコンクリート躯体などにあとから施工にてドリルなどで孔をあけ，アンカーボルトを打ち込むタイプのものをいいます。これに対し，コンクリートを打設する段階で，アンカーボルトを設置するものを先付けアンカー工法といいます。

あと施工アンカーは，「金属拡張アンカー」「接着系アンカー」「その他のアンカー類」の三つに大別されています。「金属拡張アンカー」は，拡張部を有する金属製の部材で，穿孔した穴に挿入後，打撃または締付けにより拡張部を開かせ，機械的に固着させます。「接着系アンカー」は，穿孔した穴に接着材を充填し，アンカーボルトの表面および孔壁の凸凹に接着剤が食い込み硬化し，定着部を物理的に固着させます。「その他のアンカー類」は，前述の二つのアンカー以外のもので，強度を発生する部分が，鉄鋼・非鉄金属・プラスチックおよびこれらが複合的に組み合わされたものをいいます。

（中間清士）

027
かぶり厚さ

Covering Depth

Ⅱ章

RC系

コンクリートの表面から内部の鉄筋の表面までの最短寸法のことを，かぶり厚さといいます。

コンクリートはアルカリ性で，鉄筋の腐食を防ぎますが，空気中の二酸化炭素の作用で表面から徐々に中性化し，酸素と水分により鉄筋の腐食が進行します。やがて，鉄筋に沿ったひび割れが発生し，コンクリートの剥離・剥落に至ります。

建物内で火災が発生すると，表面のコンクリートが劣化するだけでなく，内部の鉄筋の温度上昇によって，コンクリートと鉄筋の強度が低下します。

鉄筋に大きな応力が加わった場合に，鉄筋に沿ってひび割れが生じて付着強度の急激な低下をもたらします。

以上の耐久性上，耐火上および構造性能上の3点で，かぶり厚さの確保が必要となります。

建築基準法には，いかなる場合でも下回ってはいけない最小かぶり厚さの数値が規定されています。

この数値を確保するために，鉄筋の加工・組立精度，型枠の加工・組立精度，部材の納まり，仕上材の割付，コンクリート打込み時の変形・移動などを考慮して，設計かぶり厚さを決める必要があります。

（中村　篤）

コンクリート最外周の鉄筋の表面から，コンクリート表面までの距離を，かぶり厚さといいます。かぶり厚さには，主に二つの役割があります。

一つ目は，鉄筋を外部から保護し，鉄筋コンクリート部材の耐久性を確保する役割です。コンクリート内部は強アルカリ性で，鉄筋の表面に「不動態被膜」が形成され，発錆を防いでくれています。ところが，空気中の二酸化炭素がコンクリート表面から侵入すると，化学反応が起こり，内部は中性に近づきます。これがコンクリートの中性化です。中性化がコンクリート表面から鉄筋部へ到達すると，鉄筋は腐食して断面積が小さくなり，耐力が低下します。また，腐食部分の体積膨張によりコンクリートのひび割れや剥離が増大します。適正なかぶり厚さを確保し，中性化の進行を遅らせることで，一定の耐久性を確保することができます。

もう一つの役割は，鉄筋をコンクリートにしっかりと付着させることです。鉄筋がコンクリートと一体となって引張力を発揮するためには，コンクリートに鉄筋が食い込んで踏ん張る必要があります。その食い込みを受け止めるコンクリートには，一定の厚みが必要になります。

これらの役割を果たすため，建築基準法や JASS 5 では最小かぶり厚さの規定が定められており，土に接する部分，土に接しない部分，スラブ，梁，柱，基礎などの使用部位ごとに 20〜60 mm 以上とするよう規定されています。　　（中村尚子）

鉄筋コンクリート造の建物において，鉄筋の表面からこれを覆うコンクリートの表面までの最短距離を「かぶり厚さ」と呼びます。

鉄筋の材質は鋼です。鋼は雨や空気に触れると，酸化を起こして表面に錆びが発生し，強度が低下してしまいます。一方，コンクリートはアルカリ性です。コンクリートで鉄筋を包み込むことで，鉄筋が錆びるのを防いでいます。

しかし，いくらコンクリートで保護されているとはいえ，表面から徐々に中性化したり，ひび割れから水が染み込んでしまうと，中の鉄筋に錆びが発生し，鉄筋本来の力が発揮できなくなってしまうため，十分なかぶり厚さを確保する必要があります。

最小かぶり厚さは，鉄筋の品質を確保するために最低限必要なかぶり厚さです。しかし，建築現場で建物をつくるのは「人」ですから，寸分違わずに施工することは困難です。そこで，最小かぶり厚さに施工誤差を考慮したものが「設計かぶり厚さ」です。

設計かぶり厚さ
　　＝最小かぶり厚さ＋10 mm

コンクリートに求められる品質（短期，標準，長期，超長期）が高くなると，必要なかぶり厚さも大きくなります。

（山田細香）

028

短柱

Short Column

Ⅱ章

RC 系

地震時，建物には水平方向に力が作用するため，建物を支える柱は，水平方向に変形します。この時，垂れ壁や腰壁が柱にくっついていると柱の変形を拘束し，柱が曲がることができる長さが短くなってしまいます。この状態を短柱と称しており，特に鉄筋コンクリート造の柱では，注意が必要になります。

長い柱と短い柱を同じ力で水平に押すと，当然長い柱の方が大きく変形します。言い換えると，長い柱より短い柱の方が固いことになります。建物は複数の柱で構成されており，通常は，同じ階の柱は同じ長さです。ところが，外壁には窓があり，その窓の配置や形状によっては，前述した短柱になってしまうことがあります。この場合，同じ階で建物外周には短い柱，建物内部には長い柱が，混在することになります。このような建物に，地震が発生すると，固い柱，すなわち，短柱に力が集中することになり，そこが建物の弱点となってしまうのです。

また，短柱の場合，あまり変形せずに破壊に至るため，建物重量を支える能力を失わないように配慮する必要があります。具体的には，せん断補強筋といわれる鉄筋を多くしたり，短柱とならないように，柱際に壁と縁を切るスリットを設置したりしています。

（西崎隆氏）

鉄筋コンクリート造の一般的な柱は，地震などによる大きな水平力を受けた時，柱頭と柱脚に曲げ破壊が生じて耐力を保持しながら水平方向に変形し，靭性のある破壊性状を示します。これに対して，袖壁や腰壁・垂れ壁が取り付くなど断面積に対して長さの短い柱は，水平方向に変形しにくく，曲げ破壊が生じる前にせん断破壊が発生し，耐力が急激に低下する脆い壊れ方をしてしまいます。このような破壊性状を示す柱を「短柱」といいます。せん断破壊が生じた柱は，建物を支えることが困難となり，建物にとって致命的であるため，構造設計ではこのような破壊を防ぐ必要があります。

　短柱が混在する建物では，地震時の水平力が変形しにくい短柱に集中し，大きなせん断力を負担することになります。このため，短柱は必要とされるせん断耐力の確保が難しい場合が多く，配筋の工夫によるせん断耐力の増大や壁にスリットを設けて，短柱化を避けるなどの配慮が必要となります。

（南利　誠）

一般的な柱は「長細い」形をしており，地震に対して，大きく変形しながら粘り強く抵抗することができます。一方，「太くて短い」柱は変形しにくく，強度は高いものの，粘り強さのない脆い壊れ方をしてしまいます。このように太くて短い柱は一般的な柱と特徴が異なるため，「短柱」と呼んで区別しています。

　階高が同じであれば，柱はどれも同じ長さのように思えるかもしれませんが，鉄筋コンクリート造の柱に腰壁や垂れ壁が付いた場合には，柱が変形できる区間は「腰壁・垂れ壁が付かない」範囲だけとなり，その長さが短くなれば，「短柱」となります。

　建物全体に耐震壁などがあり，地震に対して硬くて強い構造形式となっている場合には問題は少ないのですが，壁ではなく，主に柱と梁で粘り強く地震力に抵抗する構造形式を採用している場合には，短柱があると問題となります。それは，全体の固さ（剛性）のバランスが悪くなり，短柱に過大な地震力が集中してしまい，脆い壊れ方を誘発してしまうからです。

　このような問題を回避するには，柱と腰壁・垂れ壁の間に「構造スリット」と呼ばれる隙間を設けて，短柱とならないようにすることが有効です。

（倉長哲司）

遅れ破壊
降伏比
座屈拘束ブレース／座屈補剛ブレース
靭性
スタッドジベル
耐火鋼
冷間成形角形鋼管
亜鉛めっき
アンカーボルト
高力ボルト／超高力ボルト
細長比
摩擦係数
スカラップ

金属系
029〜041

029

遅れ破壊

Delayed Fracture

III章

金属系

現在，建築で用いられている高力ボルトは F8T，F10T，F14T の 3 種類です。数字は材料の引張強さを示しています。かつては，F11T，F13T も使用されていましたが，1964 年に F13T に遅れ破壊が発生し，使用禁止となりました。

遅れ破壊とは，高力ボルトを使用，すなわち高力ボルトに応力が発生してから，ある時間経過した後に突然脆性的に破壊する現象です。その原因は水素によるもので，水素脆化と呼ばれています。鋼材の強度が高いほど，発生しやすいといわれています。

高力ボルトへの水素の混入経路としては，材料の鋼を製造する際や高力ボルトの腐食などがあり，建築の分野においては，主に後者が遅れ破壊の原因と考えられています。

そのプロセスは，腐食した部分に水素が混入し，主にねじ部のように形状が不連続な部分に水素が集中して蓄積され，それがある一定量を超えると亀裂が発生し，さらに進展し破断に至るというものです。

建築分野では F11T，F13T が使用禁止となったのち，鋼材の高強度化や板厚の増大により，効率のよい接合部が必要とされ，現在では，水素に対する耐性を向上させ，形状を工夫した F14T が開発され採用に至っています。

ボルトの遅れ破壊対策は建築分野だけでなく，土木や自動車，鉄道，航空分野などでも行われています。

（加登美喜子）

建物が完成し，だいぶ時間が経過してからある日突然ボルトが破壊したら……。建物の骨組みとなる柱や梁を接合するボルトの破壊が，建物の安全性に大きな影響を及ぼすことは間違いありません。

このように，力が作用し始めた瞬間ではなく，時間的に後から遅れて破壊が生じる現象を遅れ破壊と呼んでいます。とくに，高力ボルトのような高強度の材料では，注意が必要になります。

でも，安心してください。現在，流通している高力ボルトは，このような遅れ破壊が生じないように，多くの研究や知見を基に製造されたものです。たとえば，過去に遅れ破壊が見られたF11Tよりも強度が低いF10Tが現在主に用いられています。

この遅れ破壊の原因とされているのが水素です。近年開発された超高力ボルトF14Tには，遅れ破壊を防止するために水素に対する抵抗力を高めた鋼材が使われています。

このように水素は，金属と相性がよくないように思われますが，ロケットの水素エンジン，水素自動車など，いろいろな分野でさまざまな工夫をこらして使用されています。

それぞれの分野でのエンジニアたちの取組みに思いを巡らせることが，新たな開発のヒントやきっかけになるかもしれません。

(九嶋壮一郎)

鋼製の部材に大きな負荷がかかった場合に，曲がったり，延びたりといった，形が変わってしまうような変形を塑性変形といいます。それとは対照的に，静的な負荷応力を受けた状態で，ある時間を経過した後に，外見上はほとんど塑性変形を伴うことなく，突然もろく破壊する現象を「遅れ破壊」といいます。

破壊の原因には，使用環境や材質，強度などの要因が関連すると考えられていますが，完全には解明されていません。最も大きな原因は，水素が何らかの形で金属の中に入ってしまい，金属組織がもろくなってしまっていると考えられています。この現象は，鋼材の強度が高くなるほど発生する傾向にあります。

建築分野では，F13T高力ボルトの遅れ破壊発生を契機に，F13Tおよび実質的にF11T高力ボルトの使用が禁止になりました。ボルトは，不完全ねじ部，第一ねじ山部，頭部首下丸み部など形状的に応力が集中しやすい部分があり，これらの部位で遅れ破壊が発生しやすくなります。

現在では，遅れ破壊特性に耐え得る鋼材の開発，起こしにくい形状の開発などにより，より高強度な高力ボルトの開発が進められ実用化されています。

(山田能功)

030

降伏比

Yield Ratio

Ⅲ章

金属系

鋼材の塑性変形能力を表す指標が降伏比です。その定義は，降伏比＝降伏点強度/引張強さ（引張強さに対する降伏点強度の比率）です。

鋼材の機械的性質を調べるために JIS で定められた引張試験片を引っ張ると，応力（強さ）とひずみ（伸び）の関係はほぼ一定のまま降伏応力に達し，その後，降伏棚という応力はおおむね一定で，ひずみだけが増加する領域に入ります。その後，応力とひずみは増加しながら最大応力となる引張強さに達し，さらにひずみが増加しながら徐々に応力は減少して破断に至ります。

降伏応力と引張強さが同じであると，降伏してから鋼材が伸びない，すなわち，すぐに切れてしまうため，降伏比は小さい方が塑性変形能力を有することになります。

一般的に使用される建築構造用圧延鋼材（SN 材）では，400 N 級や 490 N 級の鋼材の機械的性質として降伏比 80% 以下が規定されています。

鋼材の強度や板厚があがるほど，降伏比は大きくなる傾向にありますが，板厚 40 mm を超える TMCP 鋼や引張強さが 590 N 級や 780 N 級のような高張力鋼に対しても，降伏比は 80% 以下に抑えられており，塑性変形能力を確保する材料となっています。

（加登美喜子）

降伏強度を引張強度で除した値を指し、%で示されます。SN材のうちSN400B、SN400C、SN490B、SN490C、TMCP鋼（TMCP325B、TMCP325C、TMCP355B、TMCP355C）、低降伏点鋼のうちLY225、BCP（BCP235、BCP325）、STKN（STKN400B、STKN490B）、建築構造用高性能590 N/mm^{2}鋼材（SA440）では降伏比は80%以下、BCR（BCR295、UBCR365）では降伏比は90%以下、低降伏点鋼のうちのLY100では降伏比は60%以下で規定されています。

SN材のうちのSN400AやSS材、SM材、STKR（STKR400、STKR490）、STK（STK400、STK490）は、降伏比の規定はされていません。

降伏比の値が大きいものよりも小さいものが、エネルギーを吸収できる範囲が大きくなりますので、エネルギー吸収能力が高いといえます。部材の塑性変形を利用して、入力エネルギーを吸収させる構造物に降伏比の上限を規定しない材料を使用すると、エネルギー吸収能力が小さくなり、降伏後に比較的早くに破断を起こし崩壊する危険性があることになります。

（米杉尚記）

降伏比とは、材料の降伏強度を A、引張強度を B とした場合に、百分率で A／B×100 として表されます。引張強度と降伏強度が完全に等しい場合、降伏比は最大値の 100% となります。これは材料が降伏した瞬間に破断することを意味するので、破断するまで材料は弾性体を維持していることになります。

次に、降伏比が 70% の場合を考えます。引張強度の 70% が降伏強度となるので、材料強度の 7 割までは弾性体、破断するまでの残り 3 割が塑性化した状態としてとらえると、理解しやすいかもしれません。塑性化した材料は変形が進みやすくなるため、エネルギー吸収能力に富んだ状態となります。

建築物を設計するにあたり、中小地震時に対して鋼材は弾性であることが要求される一方で、大地震時は高いエネルギー吸収能力が要求されます。具体的には、たとえばアンカーボルトを選定する場合は、降伏比が 80% 以下となる伸び能力の高い材質の選定や、降伏比の上限値が規定されている SN 材を使用する必要があります。

（三井達雄）

031

座屈拘束ブレース/座屈補剛ブレース

Buckling-Restrained Brace/Buckling-Constrained Brace

Ⅲ章
金属系

目標とする性能や得られる効果という意味では，「鋼材の性能100%発揮ブレース」「通常ブレースより〇〇倍の性能ブレース」などのほうがわかりやすいのかもしれません。

鋼材ブレースは，引張力に対しては薄く，細長くすることが可能ですが，圧縮力に対しては座屈が発生するため，厚く，太短くする必要があります。これを解決するのが座屈拘束ブレースです。

座屈拘束ブレースは，軸力を負担する中央の芯材，芯材の座屈を拘束する周辺の座屈拘束材で構成されています。芯材にはH形鋼，平鋼，十字形断面などが，座屈拘束材には円形鋼管，角形鋼管などが用いられます。

構造計算では芯材断面を用いますが，実際のブレースのサイズは外周の座屈拘束材の大きさとなります。建築設計者やお客様とブレースサイズのやり取りをする際は，拘束材のサイズを伝えるよう注意が必要です。

鋼材の強みを活かし，弱みを補う座屈拘束ブレースは，シンプルな機構と高いコストパフォーマンスの日本発の技術として，海外でも普及が進んでいます。BRB（buckling-restrained brace）で検索すると，多くの事例が海外でも存在することがわかります。

（九嶋壮一郎）

ブレースは，材長に対して断面が小さくその形状が細長い場合，圧縮力に対しては座屈が生じてしまい，本来ブレースがもつ鋼材強度を発揮できません。したがって，より大きな圧縮力に抵抗するためには，断面を大きくして座屈を生じにくくする必要があります。これに対して，細長いブレースであっても，鋼材やコンクリートによりブレース芯材を拘束し，拘束材の剛性と耐力で座屈補剛することにより，圧縮力に対しても座屈を生じることなく，引張力に対する場合と同様に，鋼材強度や軸方向の塑性変形性能を発揮できるようにしたものが座屈拘束ブレース，座屈補剛ブレースです。

座屈に対する拘束の効果は，ブレース芯材と座屈拘束材の隙間の大きさが影響します。隙間が大きいと，ブレース芯材が変形できるスペースが生まれて座屈しやすくなり，変形した部分に塑性変形が集中して，ブレース全体としての変形性能が低下します。一方で，密着してしまうと座屈拘束材にも力が流れて，ブレースが安定した性能を発揮しなくなります。安定した復元力と高い変形性能を得るには，製作の精度が非常に重要な部材です。

（西川大介）

鉄骨構造などでは，地震や風による水平力に対する抵抗要素としてブレース（＝筋かい）がよく用いられます。

ブレース構造は，柱と梁だけで構成されるラーメン構造と比べると，耐力や剛性を高くすることができますが，ブレース材の断面形状や断面積によっては地震時に座屈する場合があり，粘り強さ（靭性）の面では必ずしも有利な構造とはいえません。

ここで座屈とは，細長い部材に圧縮力を徐々に加えていくと，ある段階で突然幾何学的な変形をしてしまうような現象をいいます。座屈すると，部材の耐力は著しく低下します。極端な例ですが，真っ直ぐな針金の両端を手で引っ張っても容易に切れませんが，圧縮力を加えるとすぐに円弧上に変形し，強度がなくなります。

この欠点を補うように開発されたのが，座屈拘束（補剛）ブレースです。ブレース材を鋼材やコンクリートなどの拘束材（補剛材）で包み込み，座屈を起こりにくくしたもので，これにより引張強さと圧縮強さがほぼ同じとなります。さらに，ブレース材が弾性限度に達した後も，拘束材により耐力低下は起きにくく，靭性の高い構造要素となります。

また，このような特性からブレース材に抵降伏点鋼材を用い，地震によるエネルギーを積極的に吸収する制振部材としても多くのビルで利用されています。

（緑川 功）

032 靭性
Toughness

Ⅲ章
金属系

　強風のとき，「堅い木は折れる」の例えがあります。強い木であっても粘り強さに欠ける場合は，しなりの大きさや繰返しに追随できず，折れるということがこれからわかります。

　靭性は，この粘り強さのことといえます。

　建築でこの用語を使用する場合，その対象（材料，建築物の耐震性など）によっていろんな意味合いをもちます。

　建築材料での靭性の度合いは，その組成や製造方法に起因します。結果として，強度が高く，伸びに対する性質の延性が大きい材料であれば，破壊に対する抵抗度も高くなって，靭性に富んだ材料といえます。その代表的な材料としては，鋼材があります。

　建築物の耐震性からみますと，靭性は地震時に急に壊れるのではなく，変形してエネルギーを吸収する能力として示されます。柱・梁だけで構成されるラーメン構造は，柔らかく靭性に富んでいます。また，耐力壁付きラーメン構造は，剛性が高く変形しにくいため，靭性は低くなりますが，強度は十分な構造形式となります。

　靭性が高いのみではなく強度も十分であることが，建築物の耐震性確保に必要となります。

（佐々木照夫）

靱性とは，外力に対して壊れにくく，粘り強い性質を意味します。具体的には，材料，部材，建物が，地震などの外力に対して弾性範囲を超えて塑性化しても，破断，破壊，崩壊に至るまでに大きく変形できる能力を指します。

建物は，地震の際に揺れて変形することで地震のエネルギーを吸収します。エネルギー量は力×変形で表されることから，建物の耐力が大きければ，小さい変形でも地震のエネルギーを吸収して，耐えることができます。一方，建物の耐力が小さくても，大きく変形することで地震のエネルギーを吸収して，耐えることができます。このとき，大きく変形できる建物には靱性があるといえます。

また，構造体に靱性があり，変形能力が高く，大地震時に倒壊，崩壊に至らない場合でも，非構造体である外装材などの仕上材が変形に追従できずに損傷，脱落してしまう場合があります。これでは，建物としての機能や安全性が確保できません。大地震時に建物がどのくらい変形するのかを想定して，構造体だけではなく非構造体の変形性能を設定し，設計を行うことも必要となります。

（西川大介）

靱性とは，「粘り強さ」の性質を表し，材料単体のみならず建築物の大地震時における性状に対しても使用します。靱性と対比する位置付けに，脆性（ぜいせい）という用語があります。

これは脆く壊れやすい性質を示しており，たとえばコップが落下して瞬時に壊れる現象は脆性破壊と呼びます。

したがって，靱性の高い建築物とは，大地震が起きても即座に倒壊せず，変形を伴いながら地震エネルギーを吸収できる耐震性能に優れた建築物として評価されます。

一般的な鉄骨造の場合，ラーメン構造の方がブレース構造と比較して靱性に優れています。これは，地震時にブレース構造は，ラーメン構造と比較して応力が集中しやすく，最終的にブレース破断（脆性破壊）による建物の急激な耐力低下を起こすおそれがあるからです。

構造計算における建築物に対する靱性指標の一つとして，保有耐力計算時に使用する構造特性係数，すなわち D_S 値が挙げられます。これは建築基準法において，建築物が大地震時に必要とする耐力（必要保有水平耐力）を算出するときに使用する係数で，靱性の高い建物ほど小さい値とすることができます。

（三井達雄）

033 スタッドジベル

Stud Dowel

Ⅲ章 金属系

部材同士を一体化させる目的で使うボルトなどを，スタッドジベルといいます。

代表的なスタッドジベルを，以下に示します。

1）鉄筋スタッド

必要長さの鉄筋の一端を，スタッド溶接で取り付け使用します。

杭と基礎の応力伝達が目的の杭頭鉄筋スタッドや，SRC造鉄骨へ取り付けRC壁の壁筋と重ね継手をして，柱・梁と壁を一体化する鉄筋スタッドなどがあります。

2）頭付きスタッドボルト

鉄骨梁の上に頭付きスタッドボルトを配置してスタッド溶接し，スラブコンクリートと鉄骨梁を一体化します。これにより，以下の効果が期待できます。

①地震時の水平力を，スラブコンクリートとスタッドを介して梁に軸力として伝達します。

②合成梁（鉄骨梁にスラブを加えた断面）となるため，梁の断面性能が大きくなり，剛性の上昇が図れます。

③合成構造としての設計が可能となり経済性を検討できます。

施工についてはいずれのスタッドも，スタッド溶接の有資格者により溶接施工されています。

（佐々木照夫）

スタッドジベルは一般的に「スタッド」と呼ばれており，鉄骨とコンクリートを一体化するため，鉄骨に溶接で取り付けるボルトなどの鋼棒の呼び名です。

鉄骨とコンクリートは，固さも強さもまったく異なる別の材料です。鉄骨は高い曲げ・引張強度や粘り強さが大きい長所がある一方，座屈しやすく，耐火性能がない（熱に弱い）性質をもっています。

コンクリートには，高い圧縮強度と耐火性能という長所がある一方で，自重が重く引張に弱いという短所があります。この相反する性質があるため，鉄骨梁の上にコンクリートの床を載せただけでは，それぞれの強さが発揮できずに別々に動いてしまいます。そこで，鉄骨梁にスタッドを溶接した上にコンクリートを打つ（流し込む）ことで，コンクリートが固まると鉄骨とコンクリートが一体となって強度を発揮し，それぞれの強度以上の働きをします。これ以外にも，鉄骨柱の周りにコンクリートを巻いて，強度をアップさせる際に使用する場合もあります。

このようにスタッドジベルは，鉄骨の曲げ・引張に強くて粘り強いことと，コンクリートの固くて燃えにくい，良いところをつなぎ，強度と固さを兼ね備えた建築をつくる重要な「架け橋」となっているといえます。

（澤井祥晃）

鉄骨部材とコンクリート部材とを，一体化させるために取り付ける突起物を指します。せん断力で力を伝達することから，シアコネクターともいわれます。

鉄骨梁の上フランジに配置することで，RCスラブと一体となり，梁の剛性が上昇し，鉄骨柱の脚部に配置してコンクリート内に埋め込むことで，引抜抵抗力が上昇します。

スタッドジベルの呼び径には，10φ，13φ，16φ，19φ，22φ，25φがありますが，一般的には13φ，16φ，19φがよく使用されています。

使用に際して，ピッチ（部材の軸方向の間隔）は軸径の7.5倍以上かつ600mm以下，ゲージ（部材の材軸と直角方向の間隔）は軸径の5倍以上，鉄骨フランジ縁とスタッドジベルの軸芯との距離は40mm以上，床スラブの縁辺からスタッドジベルの軸芯までの距離は100mm以上，コンクリートかぶり厚さはすべての方向について30mm以上，鉄骨のウェブ直上に溶接される場合を除き，溶接するスタッドジベルの軸径はフランジ板厚の2.5倍以下とする必要があります。

スタッドジベルを鋼材に取り付けるには資格が必要であり，基本級（A級）は22φ以下の下向溶接が，専門級（B級）は22φ以下の下向溶接に加え，16φ以下の横向溶接・上向溶接が，専門級（F級）は25φ以下の下向溶接が施工できます。

（米杉尚記）

建築構造用語事典Ⅱ　083

034

耐火鋼

Fire Resistant Steel

Ⅲ章

金属系

「**鉄**は，熱いうちに打て！（鉄は，熱して軟らかいうちに鍛えよ）」の言葉のとおり，鉄と炭素との合金である鋼も，一般に高温になると軟らかくなります（降伏点が低下）。

これを横軸に温度，縦軸に鋼の降伏点を取り，それらの関係をプロットすると，右下がりのなだらかな曲線（コシがない状態）となり，普通の鋼では降伏点は 350℃あたりで常温時の 2/3 程度にまで低下する様子を見てとることができます。このため，鉄骨造の設計では万が一の火災時においても一定時間の間，鉄骨の温度が 350℃を超えないよう，耐火被覆と称して定められた耐火材で鉄骨を覆うよう規定されています。

ところで，この普通の鋼に Mo（モリブデン），Nb（ニオブ）などの合金元素を添加してみます。すると，常温時の 2/3 あたりまで降伏点が低下していた温度（350℃）が 600℃付近まで上昇します（先程のプロット形状は「への字」となり，この状態を「コシがある」ともいいます）。しかも，常温時の機械的性質は同じです。

このように，合金元素を用いて高温耐力（高温時の降伏点）を上昇させた鋼材を，建築構造分野では耐火鋼（FR 鋼：Fire Resistant Steel）と呼び，自走式の駐車場などでよく用い，見栄えもスッキリとさせることに成功しています。

（楠本　隆）

普通の鋼材は，火災に遭い，高温で熱されると強度が低下して，梁や柱に常にかかっている重さを支え切れなくなる，という弱点をもっています。

この弱点を補うためには，鋼材に耐火被覆を施し，鉄骨の温度が高温にならないようにする方法が一般的に使われています。

この方法は，鉄骨以外に耐火被覆の材料が必要で，柱断面が耐火被覆厚分大きくなることから，コスト高や空間が小さくなることが改良点として考えられました。

それらを改良するために，従来の鋼材に対して合金元素の添加や鋼材製造方法の研究を行い，その成果を基に耐火鋼（FR鋼(Fire Resistant Steel))が1990年代に開発されました。

耐火鋼は，鉄骨造建築物の耐火性能確保に必要な耐火被覆を，低減または省略することを目的とした鋼材のため，柱径の細さや鋼の素材が見えるように使い，意匠上の自由度が向上します。また，強度上は無耐火被覆実現のため高温時の強度が高く，600℃時に降伏強度が重さを支えうる長期許容応力度以上になることが保証されています。

このような特徴をもつ耐火鋼を用いた無耐火被覆設計法も整備され，いろいろな建物に使用されています。

（佐々木照夫）

鉄骨造建築物の耐火性能確保に必要な耐火被覆を低減，または省略することを目的として開発された鋼材を耐火鋼（FR鋼）といいます。

600℃における耐力が，常温規格耐力（F値）の2/3以上であることを保証しています。

この高温特性を考慮した耐火設計を行うことにより，耐火被覆の低減や省略が可能になります。

常温時の性能は一般のJIS規格材と同じなので，通常の設計施工で対応可能です。

接合部については，専用の溶接材料や高力ボルトを用いることにより，常温時・火災時とも母材と同等以上の必要耐力を確保できます。

無耐火被覆にすると，柱の径を細くでき，自由な塗装をすることが可能となり，鉄骨建築の意匠性が大幅に向上します。

その他，工期短縮や作業環境改善など多くのメリットが期待できます。

耐火設計は，建物の設計，仕様および開口などの条件から，火災性状を予測し，伝熱解析によって鋼材温度を算定します。

高温時における鋼材の材料特性を考慮した熱弾塑性解析により，架構の構造安定性も確認します。

（中村 篤）

建築構造用語事典Ⅱ 085

035

冷間成形
角形鋼管

**Cold Roll-Formed
Steel Square Tube**

Ⅲ章

金属系

日本の鉄骨造建築において，柱の多くには「冷間成形角形鋼管」を用います。これには大きく分けて二つの製品規格があり，JIS規格によるもの（一般的にSTKR）と日本鉄鋼連盟製品規定によるもの（一般的にはBCR，BCP）があります。二つの規格には差があり，BCR，BCPはSTKRに比べ溶接性能および靭性の確保を目的として化学成分の規定項目が多くなっており，BCR，BCPは建築構造用として規格化された高品質・高性能な冷間成形角形鋼管といえます。

では，BCR，BCPの違いですが，製造過程にあります。BCR，BCPという名称は，ボックスコラム（角形鋼管）＝Box Columnの頭文字の「BC」と，製造方法を表わす「R」＝Roll成形，および「P」＝Press成形を組み合わせたものです。

ロール製造とは，鋼板を加工して一度円柱にしたものを，「角形」にするように四箇所から平（たいら）になるように押して加工します。一方プレス製造は，初めに鋼板を「コの字」にプレスして加工し，「コの字」を二つ組み合わせて溶接し角形にします。

では，冷間成形とは何でしょうか？冷間というと，鉄を冷やして加工するようですが，熱を加えない常温の状態で，鉄に力を加えて『ぐにゃー』と曲がるまで，変形させることをいいます。

（澤井祥晃）

冷間成形角形鋼管とは，鋼板を四角形に加工したもので，おもに柱として使用します。Hの字の形をしたH形鋼や，円形の鋼管と同様に，鉄骨造建物に多く用いられています。

　H形鋼の柱の場合は，曲げに対して強い方向と弱い方向とがあり，弱い方向には筋かいなどを配置して，強さを補う必要がありますが，冷間成形角形鋼管は強さに方向性がないので，筋かいを設ける必要がなく，空間の有効利用を図ることができます。

　冷間成形角形鋼管には，JIS材（STKR材）と大臣認定材（BCR材とBCP材）とがありますが，大臣認定材のBCR材とBCP材を用いることが多いです。建物が比較的小規模で，あまり高い強度が必要でない時はBCR材を，高い強度や大きな断面が必要な時はBCP材を使うことが一般的です。

　BCRとBCPの名前は，その作り方の違いによります。BCR材は鋼板を一旦円形にロール（R）加工した後，外から力を加えて（サイジング）四角形にします。それに対して，BCP材は鋼板をプレス（P）して90°の角部分を最初に作り，角のある鋼板同士を溶接して四角形にします。

　このように，冷間成形角形鋼管は作る過程で鋼板内部にひずみがあるため，設計に使う際は，それを補うために耐力の割増などの配慮を行う必要があります。

（塚越治夫）

STKR，BCR（冷間ロール成形），BCP（冷間プレス成形）の3種類があります。それぞれの製造方法は，BCRは冷間ロール成形で，板材を円形鋼管に成形し，4方向からサイジングを行って角形に成形します。BCPは冷間プレス成形で，板材をプレスにより口形・コ形に成形し，サブマージアーク溶接にて接合して角形にします。口形は溶接線が1本であることから1シーム，コ形は溶接線が2本であることから2シームと呼ばれています。

　STKRはJIS規格品で，BCRとBCPは大臣認定品です。STKRはSTKR400とSTKR490などがあり，下3桁の数字は引張強度の下限値を示しています。

　BCRはBCR295とUBCR365などがあり，こちらの数字は降伏強度の下限値を示しています。

　BCPはBCP235とBCP325などがあり，こちらもBCRと同様で降伏強度の下限値を示しています。

　BCR295は400 N/mm^{2}級，UBCR365は490 N/mm^{2}級ですが，製作の過程で平部においても冷間成形加工されているため，強度上昇があり，通常は降伏点の下限値が235 N/mm^{2}となるのが295 N/mm^{2}に，325 N/mm^{2}となるのが365 N/mm^{2}になっています。

（米杉尚記）

036

亜鉛めっき

Zinc Plating

Ⅲ章

金属系

　鋼材の錆を防ぐためには，空気や水が直接触れないように表面をコーティングすることが有効であり，塗料を塗装する方法が最も多く用いられています。ただし，塗装は劣化しやすいため，外部に露出している部材などでは塗装ではなく，金属の亜鉛の被膜により鉄をコーティングする亜鉛めっきがよく用いられます。高温の溶融亜鉛が入っためっき槽に鉄を浸けて，鉄鋼表面に鉄と亜鉛の合金層を形成する溶融亜鉛めっきが代表的な工法です。めっき槽に浸けることから「ドブづけ」とも呼ばれます。

　亜鉛めっきは，表面に亜鉛の酸化被膜を作ることで空気や水を通しにくくし，鉄を腐食から守ります。高い耐食性のある亜鉛めっきですが，設計する上ではめっきならではのさまざまな留意点があります。最も気を付けなければならないのは，めっき槽に浸けた時の熱応力の影響により，高温の液体亜鉛と接することで脆くなっている鉄が割れる「めっき割れ」の防止です。溶接部のディテールをスムーズに力が流れるような形状にしたり，同一部材で板厚の差を付けすぎないなどの配慮が必要になります。

（中村吉秀）

鋼材（鉄）の性能を長期間発揮・保持するためには，天敵ともいえる錆の発生を防ぐ必要があります。防錆方法の一つである溶融亜鉛めっきは，非常に優れた防錆性能を有する方法として知られ，普及しています。その製造過程からドブづけと呼ばれることもあります。

めっき処理部材の現場接合には，一般的にボルト接合を採用します。鉄よりも柔らかい亜鉛層の影響により，リン酸を用いた摩擦面処理を施しても，ボルト接合部のすべり係数は通常の鋼材に比べ低下します。また，屋外用のめっきボルトF8Tは，耐候性向上などのために通常のボルトF10Tよりも締め付け力が小さくなっています。

これらの理由から，めっき部のボルト1本当たりのすべり耐力は通常の場合に比べ2〜3割程度小さな値となります。めっき部のボルト本数の設定が，実務上は重要です。

そして，表記はめっきなのかメッキなのか。どちらでも意味は通じますが，建築分野ではめっきと表記することが多いようです。これは，めっき（滅金）という言葉が外来語ではないためと思われます。個人的にはめっきと記載しているほうが，膜厚が大きいしっかりした防錆処理ができている気がしています。

（九嶋壮一郎）

鉄はそのままの状態で放置しておくと，錆や腐食が発生し，美観が損なわれたり，有効な断面が小さくなったりすることがあります。

これに対して，建築や土木の設計では，高温（460℃以上）で溶かした亜鉛槽の中に鋼材を浸して，鋼材表面に亜鉛の酸化被膜を作る「溶融亜鉛めっき」で鋼材を保護する方法が用いられます。溶融亜鉛めっきをすると，亜鉛の酸化皮膜が空気や水を通しにくい性質をもっているため，鋼材に錆びが発生しにくくなります。また，もしも表面にきずができて，めっき内部の鋼材が露出したとしても，きずの周囲の亜鉛が鋼材を保護する働きをするため，鋼材の腐食を抑えることができます。

溶融亜鉛めっきをする場合は，鋼材を浸す亜鉛層の大きさに制限があるため，あまり大きな鋼材を一度にめっきすることはできません。

亜鉛めっきをすれば，永久に鋼材に錆びが発生しないかというとそうではなく，耐久年数の目安があります。とくにめっきした鋼材同士を現場でつなぎ合わせて，後からめっき（常温亜鉛めっき）したところの処置が不十分な場合，そこから錆が発生することがあります。

溶融亜鉛めっきした鋼材は，銀色の光沢がある状態になりますが，めっき後にりん酸亜鉛で後処理すると，光沢を抑えた状態にすることもできます。

（塚越治夫）

037

アンカーボルト

Anchor Bolt

III章
金属系

木造や鉄骨造建物の部材をコンクリートに固定する場合，コンクリートにボルトを埋め込んでおき，コンクリートから突出させた部分で部材と接合して固定する方法がよく用いられています。船の錨のように，部材を固定するそのボルトのことをアンカーボルトと呼びます。

固定するといっても，文字どおり柱などを建てるときに位置決めして固定することのみを目的とし，構造耐力を期待しない建方用アンカーボルトと，固定した後も外力により生じるせん断力や引張力に抵抗することを期待する構造用アンカーボルトがあります。

柱脚に使用する構造用アンカーボルトの場合，大地震時に粘り強さを発揮するため，軸部とねじ部の断面積差を小さくした伸び能力の高いアンカーボルトを使用することが望ましいです。

構造用アンカーボルトは，コンクリートを打設する前にあらかじめ埋め込んで設置する必要があり，コンクリート打設後打ち込むあと施工アンカーは施工状況による品質のばらつきが大きいなどの問題があるため，建築基準法においては耐震補強に用いる場合を除き，主要構造部に使用するアンカーボルトとして認められていません。

（中村吉秀）

アンカーボルトは木造の土台や，鉄骨造の柱脚を基礎に緊結する大切な材料です。

　1995年兵庫県南部地震では，鉄骨造の露出柱脚においてアンカーボルトの破断が生じ，大きな問題となりました。原因としては，材料的な問題と設計的な問題の二つがありました。

　まず材料的な問題ですが，当時用いられていたアンカーボルトはSS材の棒鋼に切削ねじ加工を行ったものがほとんどで，軸部が十分伸びる前にねじ部で破断が生じていました。そこで，SNR材を転造ねじもしくは切削ねじ加工し，軸部の降伏を保証した規格がJSSCにより制定されました。それぞれABR，ABMと呼ばれ，その後のJIS化を経て，現在では一般的に用いられています。SS材の切削ねじ加工では，ねじ部の有効断面積がかなり小さくなりますが，ABRではほぼ軸部同等，ABMでは細目ねじが採用されることでねじ部の有効断面積の低下を最小限に抑えています。これらの違いは一目瞭然で，監理に関わる技術者として実物を見分ける必要があります。

　一方，設計的な問題としては，ピンを仮定した露出柱脚が挙げられます。仮定とは違い曲げが生じ，想定と異なる力がアンカーボルトへ作用してしまったのです。現在では，柱脚の曲げを適切に評価する設計が行われ，上述したアンカーボルト自体の改善と併せて，格段に耐震性能が向上していると考えられます。

（鈴木直幹）

　アンカーボルトは地震や風により建物に生じる力を基礎に伝える重要な部材で，強度と靭性を発揮することで建物の倒壊を防ぐ役割を担います。

　1995年兵庫県南部地震では露出柱脚において多くのアンカーボルト（SS材）に破断が生じ，建物が大きく損傷したことをきっかけに，強度だけでなく十分な伸び性能を持ち，衝撃にも強いアンカーボルトが求められるようになりました。

　これを受けて，2000年に主として露出柱脚のアンカーボルトとして使用される軸部降伏を保証したボルトセットについて，（一社）日本鋼構造協会が規格を制定しており，2010年にはJIS規格となりました。これは，1996年にJIS規格化された丸鋼SNR材のSNR 400BおよびSNR 490B材をベースにしたもので，SN材と同材質のボルト素材に素材降伏比の上限を設けた材料を用いることで，所定の一様伸びを確保したものです。

　これ以前は，アンカーボルトにより接合される部材の耐力が十分に発揮されるまで，アンカーボルトを破断させないように「保有耐力接合」とする必要がありましたが，アンカーボルトに塑性変形性能をもたせることで，必ずしも「保有耐力接合」とする必要はなくなり，経済的な設計が可能となっています。

（西川大介）

038

高力ボルト／超高力ボルト

High-Strength Bolt

Ⅲ章

金属系

鉄と鉄をつなぐ方法として，溶接をイメージするかと思います。しかし，溶接を工事現場で行う場合，雨や風の気象条件に左右されます。そのため，工事現場では「高力ボルト」接合が多用されています。高力ボルトは，名前のとおり高いせん断耐力と引張耐力を有しています。

高力ボルトには大きく分類して三つの種類があり，強度と形状によって，F10T（摩擦接合用高力六角ボルト），S10T（トルシア形高力ボルト），F8T（溶融亜鉛めっき高力六角ボルト）に分類されます。

まず，「10T」とは高力ボルトの引張強度（1,000 N/mm^{2}以上）を意味します。高力六角ボルトは，ボルトを留めるナットの部分が六角形をしているからその名称で呼ばれています。

「F8T」は雨ざらしになる外部で使われることを想定し，亜鉛めっきされた高力ボルトです。

「S10T」は，現在，最も一般的に使われている高力ボルトです。F10T はボルトを締める時，レンチを使って二回に分けて締まり具合をコントロールする必要がありますが，S10T は専用の器具で締め付け，完了するとピンテールという部分が切れる仕組みで，簡単に締め付けたことが確認できます。また，この高力ボルトよりも約1.4倍の強度をもつ超高力ボルト（F14T）があります。これにより 10T のボルトでつなぐ場合の 2/3 の本数にでき，継手を小さくできます。

（澤井祥晃）

092

高力ボルトは接合要素技術のうち，メカニカルファスニングと呼ばれる乾式接合法に用いられるもっとも基本的な要素です。所定の方法で締め付けることにより，極めて強い張力を，非常に小さなばらつきで，安定的に得ることができます。主たる接合法は摩擦接合ですが，引張接合にも用いられます。広く普及している等級は，F10T（後述のトルシア形はS10T）です。

普通ボルトと異なるのは，その引張強さです。強度区分4.8相当の普通ボルトに比べて，F10Tは約2倍の引張強さを有しているので，同径でほぼ2倍の張力を得ることができます。また，普通ボルトのように，経年や振動でナットが緩むことはなく，緩み止めなども要りません。

形状としては，高力六角ボルトとトルシア形高力ボルトがあり，後者が市場の9割を占めます。トルシア形高力ボルトはピンテールをねじり切ることで，安定した張力管理をすることができます。

超高力ボルトはF14T（トルシア形はS14T）という等級で，高力ボルトよりさらに約1.4倍の引張強さを得ることができる画期的な製品です。遅れ破壊が生じないように，素材やねじ山形状に多くの工夫が施されています。

また，まだ研究段階ですが，F20Tの超々高力ボルトも開発されています。

（中平和人）

鉄骨造のボルト接合は，中ボルトと高力ボルトに分類されます。中ボルトと高力ボルトの違いは，どのように力（ここではせん断力）を伝達させるのかという機構の違いにあります。

中ボルトは支圧接合といい，ボルト軸部とプレートの孔側面の支圧で力を伝達する方法です。支圧接合の耐力は，ボルト軸部のせん断耐力とプレート孔の支圧耐力で決まります。

一方，高力ボルトは摩擦接合という方法が使われています。これは，ナットを締め付けてボルト軸部に大きな張力を生じさせ，接合する2枚のプレートを密着させて，プレート表面に働く摩擦力で力を伝達する方法です。

たとえば，両手の手のひらでコップを挟んで持ち上げます。この時，両手でコップを押し付ける力がボルトの軸力，コップと手のひらの間に働いている力がプレート表面の摩擦力です。高力ボルトの耐力は，ボルトの軸力とプレート表面の摩擦係数によって決まります。

高力ボルトにはF8T，F10T（S10T）のほか，F10Tの約1.5倍まで高強度化した超高力ボルトなどの種類があります。数字は軸部の引張強度を示します。

高力ボルト接合は，軸部にこれらの所定の張力が入っているかどうかの管理が非常に重要になるため，ナットの回転角度を確認する「ナット回転法」や，ピンテールという部品がねじ切れることで張力を確認する「トルクコントロール法」が採用されます。

（中村尚子）

039

細長比

Slenderness Ratio

Ⅲ章

金属系

細長比とは，棒状の部材がいかにほっそり，シュッとスレンダーであるかということを示す指標で，部材の座屈長さ L_k を断面二次半径 i で除すことによって求められます。

細長比が大きいほどスレンダーで，小さいほどずんぐりした部材です。座屈長さ L_k は材長だけでなく，端部の境界条件や架構の水平移動の有無（耐震要素の有無）によっても異なり，端部がピンだったり，架構が水平移動ありだと，より大きくなります。

一般的に，設計者も建築主もできるだけ細い柱を求めます。太い柱はプランニングの制約となるだけでなく，意匠的にもスッキリとしないし，何より居室の有効面積が狭くなるからです。

ところが，あまりにも柱を細くすると，圧縮軸力が作用したときに座屈し，荷重を支持することができなくなります。そこで，鉄骨構造においては，柱部材はある一定の細長比以下でなければならないと，鋼構造規準に定められています。

通常の設計においては，座屈長さはごく簡便に，略算的に求めれば十分ですが，極限までぎりぎりの細い柱断面を設計しなければならない際には，架構の座屈解析を行い，柱部材の座屈モードから座屈長さを精算することが望まれます。

（中平和人）

棒

部材の細長さを表す無次元の指標で，λで表します。圧縮部材の座屈を議論する際に，非常に重要なパラメーターとなります。

細長比は，座屈長さを断面二次半径で除した値で，値が大きいほど座屈しやすいことを表します。座屈長さは，支点間の距離のことですが，両端の支持（境界）条件によって変わります。

両端がピン支持であれば，支点間距離が座屈長さです。片端が拘束されれば0.7倍，両端が拘束されれば0.5倍，片持ちは2倍となります。

断面二次半径は，断面二次モーメントを断面積で除した値の平方根で，大きい値ほど座屈が起きにくくなります。

たとえば，H形鋼の場合，強軸周り（X軸周り）は強いのですが，弱軸周り（Y軸周り）は弱いので，座屈を起こす可能性があります。

弱軸周りを強くするためには，せいを大きくするより，幅を広げる方が有効となります。

建築基準法には，柱で200以下，梁で250以下と細長比の制限が定められています。柱の細長比の制限が厳しいのは，常に圧縮力を負担しているからです。

（中村　篤）

細

長比は部材の形状を示す指標の一つで，以下の式で表現され，軸力を負担する柱や筋かいなどの設計に用います。

$$\lambda = l/i$$

　λ：細長比

　l：部材の長さ

　i：断面二次半径

この数値が大きいほど細長い材となり，小さくなるに従い太短い材となります。細長い材ほど圧縮力を受けた際には，座屈が生じやすいといえます。

たとえば，物差しを両側から押したときに，くにゃっと中央がはらみ出して，湾曲する現象があります。これが，まさに座屈現象であり，細長比が大きい方向に曲がりやすく，弾性下では力を抜くと，元の状態に戻るという特徴があります。

細長い材で生じる座屈は弾性座屈（オイラー座屈）であり，材料の圧縮強度に達する前にはらみ出してしまうため，座屈の生じない太短い材に比べて，大きな圧縮力は負担できません。

そのため，圧縮力（軸力）が生じる柱や筋かいなどを設計する際には，細長比が大きな部材では単位面積当たりに負担できる応力を低減して，設計を行う必要があります。

（花房広哉）

建築構造用語事典 II　　095

040

摩擦係数

Coefficient of Friction

Ⅲ章

金属系

人類の歴史は，摩擦との闘いの歴史でもありました。

巨木や大石など重量物を運ぶ際には，たとえば，コロを敷いたり潤滑材を塗布したりといった，いかに摩擦力を減らすかという方向でのさまざまな工夫が古来よりなされてきました。

物体に作用する摩擦力が，見かけの接触面積ではなく，その重量に比例することは古くから知られ，レオナルド・ダ・ヴィンチはその比を摩擦係数という概念で示しました。

近代において，アモントン，クーロン，バウデン，テイバー，クラゲルスキら先達は，摩擦機構解明のための研究に尽力しましたが，現代に至っても不明なことはなお多く残されています。

たとえば，古典摩擦理論 $F=\mu N$ においては，摩擦係数 μ は定数で，一般的にはこれで問題ないのですが，接触圧が大きくなると，μ が接触圧分布に依存した変数となる領域があることも知られています。

さて一方で，いかに大きな摩擦力を安定的に得るかという真逆の方向でも，人類は奮闘してきました。その一つが摩擦接合です。

鋼材の摩擦接合面は，赤錆の発錆が最も簡便で確実ですが，摩擦面にアルミニウムを溶射したり，くさび状の凹凸を付けたりといった，摩擦係数をより大きくする工夫も多く提案されています。

（中平和人）

摩擦力は二つの物体が接触しているとき，物体が接触面上を移動しようとする方向と，逆向きにかかる力（せん断力）です。

摩擦力の大きさは「物体が押し付けられる力」と，「接触面の状態」という二つの要素で決まります。この「接触面の状態」を示しているのが，摩擦係数です。

たとえば，カーリングの試合で選手がストーンを投げると，別の選手がストーンの周りの氷をブラシでこすります。これは，ブラシの熱で氷表面の状態をツルツルに変化させて，ストーンと氷の二つの接触面の状態，つまり摩擦係数をコントロールしてストーンのスピードや進行方向を調整しているのです。

建築構造で，この摩擦力の仕組みを利用しているのが鉄骨造の高力ボルト摩擦接合です。

摩擦接合は，ボルトで締め付けた複数のプレート間に働く摩擦力で，力（せん断力）を伝達する機構です。その耐力は，「ボルトの張力＝プレートが押し付けられる力」と，「摩擦係数＝プレート表面の状態」で決まります。

プレート表面の摩擦係数（高力ボルトの場合，摩擦係数をすべり係数といいます）は，所定の摩擦耐力を確保するため 0.45 以上と決められています。このプレート表面の状態をつくり出すための表面処理には，ブラスト処理やリン酸塩処理という方法が採用されます。

（中村尚子）

摩擦係数は滑りにくさを表す係数であり，その数値が大きいほど滑りにくいことを示します。摩擦力は二つの物体の接触面に働く抵抗力を表し，以下の式で表現されます。

$$F = \mu N$$
F：摩擦力
μ：摩擦係数
N：垂直荷重

部材に期待される摩擦係数は，その目的によって大きく異なります。

大きい摩擦係数の一例として，鉄骨構造において，部材同士を接合させる高力ボルト摩擦接合があります。高力ボルトの締め付けによる反力と板の摩擦係数の掛け合わせにより，摩擦力は決定されますが，所定の摩擦係数を得るために，ブラスト処理や赤錆を発生させて，表面を粗くする処理を施します。

一方，小さい摩擦係数の一例として，免震建物に使用されるすべり支承があります。鋼板の表面をテフロン加工などでツルツルにして，摩擦係数を極めて小さくする処理を施すことで，免震効果を高め，地震の揺れができるだけ建物に伝わらないようにします。

（花房広哉）

041

スカラップ

Scallop

Ⅲ章

金属系

スカラップは交差する面をまたいで，一体に溶接するために設ける部分的な円弧上の切欠きを指します。

柱と梁が交差する接合部において，梁（H形鋼）のウェブに設けることが多いです。これは，フランジを突合せ溶接する際に，ウェブ交点に裏当て金を通すために設けるものであり，同時にフランジの溶接の難易度を下げて，溶接性能を向上させる効果が生まれます。

スカラップの端部形状が直角に近かったことに起因して，兵庫県南部地震においてスカラップの端部が弱点となり，建物に損傷が発生していたことを受けて，スカラップ形状の改良に向けた研究が進みました。

現在では，脆性的な被害が生じにくい形状に改良したスカラップを用いる工法（複合円スカラップ工法），弱点となるスカラップを設けない工法（ノンスカラップ工法）などが開発され採用に至っています。

新たに開発されたこれらの工法の選択については，鉄骨を製作するファブの能力や，グレードによる得手不得手も考慮して決定する必要があります。

（花房広哉）

主にH形鋼の溶接において，重要度の高いフランジの溶接を連続的に行うために，あるいは裏当て金の設置を容易にするために，ウェブ側に設ける切欠きをスカラップといいます。

溶接は始端・終端で欠陥が生じやすく，強度的に重要であるフランジ側の溶接を優先して連続性をもたせ，欠陥を生じさせない工夫として長く採用されてきた工法です。また，溶接が交わる部分をなくすことは，脆性破壊の防止にも有効とされてきました。

しかしながら，この切欠き部分はあきらかに断面欠損であり，強度の低下を考慮した設計を行うことが必要です。また，1994年ノースリッジ地震，1995年兵庫県南部地震においてはスカラップの端部を起点とした脆性破壊が多く見つかり，原因の一つは，スカラップを設けることによる応力集中とされています。

現在では，この点に関する改良がなされ，応力集中の少ない改良型スカラップ（複合円型）が主流となり，またノンスカラップ工法も普及しています。

スカラップは英語で「scallop，ホタテ貝」の意味がありますが，切欠きの形が似ているので，日本ではこの名称で呼ばれています。ちなみに英語では，「Weld (ing) Access Hole」と表現されます。

（松本利彦）

スカラップとは，溶接線の連続性を保持するために設ける半径35 mm程度の小孔で，H形鋼の梁を柱に溶接するとき，梁ウェブ側に設ける小孔は代表的なスカラップといえます。

また，スカラップを設けるとフランジとウェブの溶接線が交差しないため，溶接部が重なることによる残留応力の多軸化を避ける役割も果たします。

開先溶接を行う上で，施工上必要不可欠だと思われていたスカラップですが，鉄骨の脆性破壊の原因の一つがスカラップの断面欠損による応力集中であることが徐々に明らかとなり，1994年ノースリッジ地震や1995年兵庫県南部地震ではスカラップ周辺の被害が多数報告されました。

近年ではスカラップをなめらかに溶接で埋めるなどの措置により，応力集中を避けるディテールが一般的になりましたが，スカラップのほかにも裏当て金の有無・溶接始端部の形状など，応力集中が生じる箇所はスカラップのほかにも多数存在するため，留意する必要があります。

（三井達雄）

温度応力
風荷重
局部震度
風揺れ
長周期地震動
履歴特性
津波荷重
空力不安定振動
上下動
杭頭免震
積雪荷重
ベースシア係数
凍結深度
床振動

荷重／外力
042〜055

042

温度応力

**Thermal
Stress**

Ⅳ章

荷重／外力

物質には，温度によって伸び縮みする性質があります。物質の変形に対する拘束がなければ，その伸縮は体積変化となり，応力として現われることはありません。温度が上昇して体積が増えようとする時，その物質が拘束されていれば，圧縮応力が生じ，逆に温度が下がり，体積が減るときには引張応力が生じます。

また，拘束が小さい部材は温度変化により変形が進みますが，変形の小さい部材との変形差により応力が発生する場合もあります。これらを温度応力といいます。

温度応力は他の荷重のように単純に「荷重→応力」ではなく，「温度差・拘束力→変形量・応力」と，複合で考えることが必要です。

設計のフローの中では，断面の強度を上げる，断熱を考える，長大な建物ではエキスパンションジョイントやルーズホールを設けることで変位の制御をする，などが一般的な対策となります。

（松本利彦）

102

物体は温度によって伸び縮みします。構造躯体に使われる鉄やコンクリートは、ともに膨張率が 10^{-5} (1/℃) で、たとえば 10 m の長さのレールが日射を受けて ＋50℃ 温度が上がった場合、全体で 5 mm 伸びます。レールが地面に置かれているだけであれば、レールの内部に力は発生しませんが、両端が拘束されていると、内部に圧縮の力が発生します。逆に温度が低くなると、レールは縮もうとするために、引張の力が発生します。

外部からの影響により物体内部に発生する力を応力と呼びますが、上記のように温度変化により発生する物体内部の力を温度応力といいます。

建築物の場合も日射や外気温の変化により常時伸び縮みしていますが、建築物を支持する地盤は地上に比べると、温度変化が緩やかなため建物の上部と基礎部で伸縮の差ができ、温度応力が発生します。

通常の建物であれば問題になることは稀ですが、平面的に長い場合、温度応力により鉄骨建物では部材が曲ったり、鉄筋コンクリート構造物であれば壁に亀裂が入るなど、の被害が発生することがあります。温度応力による影響を小さくするためには、構造体を何箇所か切り離して長さを短くしたり、筋かいの配置を工夫して、拘束する力を小さくするなどの対策が取られます。

（緑川 功）

自然界において、すべての物質は常に温度変化を経験しています。温度の変化によって、物質の大きさは材質ごとに有する変化率（線膨張係数）に応じて変化します。

建物においては、柱・壁などの鉛直部材と梁・床などの水平部材は互いに変形を拘束しているので、熱による体積変化（膨張・収縮）によって、内部に圧縮・引張応力が発生します。この応力を「温度応力」といいます。

長大な建物や大スパンを有する建築物の場合、温度応力による変形の累積も大きくなり、ブレースが座屈するなど建物の不具合につながることがあります。

コンクリートの場合、セメントが水和反応する過程で発生する熱が内部に蓄積されて部材が膨張します。コンクリート打設後は外気温まで降下するため、収縮が生じます。しかし、コンクリート構造物が岩盤や既設コンクリートなどに拘束されている場合は、温度応力が生じ、ひび割れ発生の原因となります。

以上のような事象の対策として、事前に温度応力解析を行うことで、部材断面の余裕度を確認したり、ひび割れの発生を制御する計画を立てることが重要となります。

（山田能功）

043 風荷重

Wind Load

Ⅳ章
荷重／外力

建物に風が当たると，前面には建物を押す力，後面には引張力が発生します。この力を風圧力と呼びます。

風圧力の大きさには，風の速度が影響します。速度が速いほど風圧力は大きくなり，速度などに応じて生じる圧力が速度圧です。

速度圧は，建物が高くなるほど大きくなる傾向にあります。近くに風を遮る建物や防風林などがある場合には，速度圧を低減することが認められていますが，周辺環境は変わる可能性も高く，慎重に考える必要があります。

$$風圧力(W) = 速度圧(q) \times 風力係数(C_f)$$

風圧力は，速度圧に風力係数を乗じて算出します。風の吹き方は複雑で，建物の形状や風を受ける面の方向によって，風力係数の値が異なります。

$$風荷重(P) = 風圧力(W) \times 見付面積$$

風圧力に建物の見付面積を乗じることで，風荷重を求めることができます。高さによって風圧力が変わるため，一般的に風荷重は各階ごとに計算します。

風は建物に当たると，見付面に沿って流れていき，隅部に集まって大きな風荷重が生じることになるため，外装材の検討を行う際には，注意が必要になります。

（山田細香）

空気の動きが風です。空気は，無意識の中に存在する物質のように思われがちですが，台風や竜巻のような災害をもたらします。空気の重量密度は，おおむね工学単位で 1.25 kgf/m^3（SI 系では 12.5 N/m^3）です。

　この物質がたとえば，過去の台風記録に相当するような，風速 60 m/s ならば，1 m^2 の受圧面に 1 秒間に 1.25×60 ＝75 kgf の物質が当たることになります。言い換えれば，成人男性が 60 m/s の速度で 1 秒間に 1 回ぶつかってくる，とても暴力的なものです。あるいは，60 m/s は時速 216 km/h，すなわち，少し遅い新幹線の屋根に立っているようなものです。

　このような質量を有する空気ですから，重たい飛行機も空に飛ばせるのです。風向きと正対する面に当たる荷重は，ベルヌーイの定理が成り立ち，風速の二乗に比例します。通常，風速は変動しているため，風速の計測は変動が比較的少ない 10 分間平均の風速を用います。台風時などでは 30 m/s 程度です。この 10 分間平均に対し，3 秒間程度の平均風速を瞬間風速といい，45〜50 m/s 程度になります。

　また，風速は地面からある高さまでは，高さに指数的に増加する「べき法則」が成り立つといわれ，構造物に作用する風荷重の規準の中の「地表面粗度区分」などに盛り込まれています。

（足立博之）

風とは空気の流れであり，風が吹き肌に当たるとそれを感じますが，その肌に当たる圧力を風力（あるいは風圧力）と呼びます。建物に吹く風は，直接は壁や屋根などの外装材に当たり，その外装材を介して建物全体を押す力となります。また，風下側の壁面には風の吹く方向に壁を引っ張る風力が作用します。したがって，建物全体には風上壁面と風下壁面への風力が合わさって作用します。さらに，風力は刻々と変化し，その分布は一様ではありません。したがって，外装材用の風荷重は，そのうちの最大の風力が対象となります。

　一方，建物全体を押す力は，壁面に作用する風力を集約したものとなるため，ばらつきが均され，構造骨組用の風荷重は壁面に作用する平均的な風力を合算したものとなります。ただし，風は強まったり弱まったりするので，風が強まった時の変動分がそれに加わります。

　以上は，風力が直接もたらす風荷重ですが，台風時などの暴風は，その強弱により人がブランコを押した時のように建物に揺れを生じさせることがあります。もし，建物の揺れと風の強弱のリズムが合えば，どんどん揺れの勢いが増し，その勢いが建物に働く大きな力となります。構造骨組用の風荷重には，このような建物の風揺れがもたらす力も考慮されます。

（逢坂博文）

044

局部震度

Local Seismic Intensity

IV章
荷重／外力

地震が発生した時，建物本体から突出した部分（塔屋・水槽・設備機器・屋外階段など）は，建物本体より地震による揺れが大きくなります。

たとえば，ムチを振ることを想像してみてください。ムチを持つ手が地面で，ムチの根元が建物本体，そして，ムチの先端部分が建物本体から突出した部分です。

ムチの根元（建物本体）よりも，ムチの先端部分（建物本体から突出した部分）の方が大きく動きます。すなわち，地震時には，建物本体よりも建物本体からの突出部分の揺れが大きくなります。

このような建物本体から突出した部分に，作用する地震力を局部地震力，また，局部地震力を算定するための設計用震度を局部震度といいます。

局部震度は，『国土交通省告示』において，既定されています。一般的な値としては，1.0 です。

言い換えると，建物本体から突出した部分の重量が，そのまま局部地震力として作用します。

（平石浩二）

建築基準法の中で，設計水平震度として 0.2 という値が決められています。建物の自重の 0.2 倍の地震力が作用するものとして，地震時に大きな変形や損傷を起こさないことを確認します。

建物から突出した部分は，建物に地震力が作用したとき，建物本体以上に大きく揺れます。一般的に地震による建物の揺れは，上階に行くほど大きくなります。これをふまえ，屋上に設置する高架水槽や設備機器などに作用する地震力は，自重に局部震度という係数を掛けて求めます。この係数には，設備機器や建物の用途や重要度などを考慮するとともに，上階に行くほど大きくなるよう設定されています。

建築基準法の中では，屋上突出物（塔屋など）や外壁から突出した屋外階段などについては，局部震度 1.0 以上で設計することが定められています。また，バルコニーのような 2 ｍを超える片持ち床などの設計には，鉛直震度 1.0 以上の地震力を考慮するよう定められています。

（梅尾えりか）

街中を歩いていますと，至る所にマンションが建っています。最近は 40 階建程の超高層もところどころにありますが，やはり 11〜15 階建が多いようです。

その屋上を見てください。何とかマンションとか建物の名称や広告などに飾られた，部分的な突出物があります。主に，エレベータを巻き上げる機械が置いてある塔屋（ペントハウス）です。下部の建物に比べて小さく，細く載っていると感じませんか。ひょろりとした形状ならば，これはもう地震が起こったらぐらぐらと揺れると，感じる方もおられると思います。

このような形状に，地震時に作用する水平震度を局部震度といい，下部の建物本体に比べて大きな水平震度が作用します。1995 年兵庫県南部地震でも，マンションの屋上でコンクリートが破壊して，落ちはしないまでも傾いている塔屋があり，そのまま落ちてくれば下で歩いている人にかなりの被害が出たのではないかと思ったものでした。また，マンションの塔屋だけでなく，はね出しの大きい床や梁，設備機器についても，局部震度による設計が義務付けされており，建物全体のみでなく部分的な箇所についても，地震時に被害が出ないような設計が求められています。

（樋笠康男）

建 築 構 造 用 語 事 典 Ⅱ　　107

045

風揺れ

**Wind Induced
Vibration**

Ⅳ章

荷重／外力

「風揺れ」とは，読んで字のごとく建物などが風によって揺れることです。風揺れの大きさは，建物の形や構造種別によって異なります。

建物が高くてスレンダーなほど，揺れが大きくなる傾向にあります。また，硬い鉄筋コンクリート造より，柔らかい鉄骨造の建物のほうが揺れやすい傾向にあります。鉄骨造のスレンダーな超高層ビルでは，風揺れに対する検証が必要です。

地震の揺れと異なり，風揺れは長時間続くので（台風が通過するのには数時間を要します），安全性の他に居住性の面で建物性能に影響を与えます。揺れがひどい場合には，船酔いに似た不快感を感じることもあります。

揺れに対する感覚の程度は，揺れによって生じる加速度と揺れる周期の関係から推定することができます。これについては，（一社）日本建築学会の「建築物の振動に関する居住性能評価指針・同解説」などに詳しい記載があります。

また，居住性の他に，超高層ホテルでの風揺れによる居室戸界壁のきしみ音の発生で，問題が生じる例もあります。

風揺れの対策の例として，TMD（チューンドマスダンパー）という揺れを抑える制振装置の設置などがあります。また，建物の平面・立面を揺れにくい形状にするなど，空力特性を改善して揺れを抑える試みもあります。

（青木和雄）

高さが 60 m 以下の建築物の耐風設計は，中程度の暴風時に対し，構造耐力上主要な部分に生じる応力度が短期許容応力度を超えないよう，また，最大級の暴風時に対し，材料強度に基づき求めた耐力を超えないように設計を行っています。中程度の暴風時とは，おおむね 50 年に一度，最大級の暴風時とは，おおむね 500 年に一度発生する暴風に相当する数値となります。

　一方で日本に上陸する台風は，一年間に平均約 3 回（沖縄，奄美を除く）で，毎年どこかで耐風設計した風圧力より小さい風圧力を，多くの建築物が受けていることになります。この風圧力で建築物が壊れることはなく，構造耐力上の問題はありませんが，若干揺れる場合があり，室内にいる人が不快感から船酔い現象になることがあります。これらの現象を建築物の風揺れといいます。

　この風揺れは，重量の軽い建築物や，細高い建築物で発生しやすく，懸念がある場合は，一年に一度程度発生する風速を基に風圧力を求め，建築物頂部の最大応答加速度と固有振動数から，何パーセントの人が感じる揺れかを見極めます。対策として，ダンパーを入れたり，錘を揺らして建築物の揺れを打ち消したりする方法などがあります。

（小松茂一）

風揺れには，風向方向と風向直交方向のものがあります。風向方向は，風が建物にあたって生じる風力（通常の設計で扱っている風荷重）によるものです。揺れ（変形）は，じっくりと変形しているもの（平均の変形）と，風の息のようなあるタイムスケールでの揺れ（乱れ）の和として表されます。

　風向直交方向の揺れで問題となるものに，カルマン渦があります。流体中の風向軸に対称な平面形状の建物の後方に，渦が交互に発生することによる揺れです。流体が空気の場合は通常見えませんが，例えば，橋脚の後方の水面に交互に渦が発生しているのを見ることができます。空気中の建物は，その渦の発生によって風向直交方向に力を受けます。渦の発生回数は風速に比例し，建物の固有振動数に呼応するようになると，共振が生じて建物の風直交方向の揺れが大きくなります。揺れは継続時間や減衰によって異なりますが，場合によっては，円形断面の煙突などに顕著な影響を与え，倒壊などの被害をもたらします。

　有名なタコマ橋の崩落も，ねじれの共振現象が原因といわれています。このような渦は，気象衛星からも観測されています。「済州島　カルマン渦列」をネット検索すると，画像が見られます。もちろん，済州島は壊れませんが。

（足立博之）

046

長周期地震動

Long-Period Ground Motion

Ⅳ章

荷重／外力

東北地方太平洋沖地震の際，震源から遠く離れた新宿の超高層ビル群が大きく揺れる様子は，社会に衝撃を与えました。これが，「長周期地震動」による超高層ビルの共振現象です。長周期地震動は，周期（振動において1往復する時間）の長いゆっくりとした長時間続く揺れの地震動です。遠くを震源とする大きな地震が長い距離を伝わってくる過程で，ゆっくりと揺れる成分のみが伝わることで長周期地震動となります。

固有周期が長くゆっくり揺れる超高層ビルや免震建物は，長周期地震動に共振して大きく揺れます。埋立地のような柔らかい地盤はゆっくり揺れるため，特に埋立地の超高層ビルは長周期地震動によって大きく揺れます。建物が大きく長く揺れることによって，建物の柱・梁などの構造体に損傷が生じるおそれがあり，建物内の家具が大きく移動したり転倒したりすることで，建物内にいる人に被害を及ぼす可能性もあります。

今後30年以内に，四国沖から駿河湾に至る「南海トラフ」を震源とする大きな長周期地震動が発生することが確実視されています。これに対し，超高層ビル・免震建物に被害防止の対策を講じるための技術的助言が2016年に国交省から出されています。

（青木和雄）

私が設計事務所に入った40年程前、著名な大学の先生が大阪平野の建物は柔らかい地盤の上に載っているので、南海地震が来れば地震動は生駒山で跳ね返って初期振動より遅れて「あと揺れ」がやってくるとお話しされておりました。その頃は、まだ大阪においても超高層ビルはごくわずかでした。

その約20年後、1995年兵庫県南部地震は直下型だったこともあり、大阪平野に大きな被害は出なかったので忘れていましたが、東日本大震災の時に大阪で感じられた気持ち悪い揺れ、その後の電算解析の進歩にもよって、長周期地震動という言葉が語られ始めました。今更ながら先生の先見の明に感心したものです。

現在では40階程度の超高層ビルはたくさん建っており、設計年が古い建物は長周期地震動が考慮されていなかったので、再度検討すると補強が必要となり、耐震補強を追加した建物も少なくありません。

最近や今後の建物は、長周期地震動を考慮した設計が行われておりますが、さてそれも今後の研究でどうなっていくのか、JSCA関西の研究会「大震研」においても色々と研究、議論されていますので、そのような最新情報によって建物の設計を行うことが必要です。

（樋笠康男）

物体が振動する時、揺れが1往復するのに要する時間を「周期」といいます。

地震により地盤は振動しますが、この振動にはさまざまな周期の揺れが含まれます。地震によっては、2秒から20秒程度の比較的周期の長い揺れが多く含まれる地震動があり、これらを「長周期地震動」といいます。

断層が大きくずれる大地震では、発生する地震動の波長も大きくなるため、長周期成分が強くなります。また、短周期成分の揺れは距離に伴い減衰する特性がありますが、長周期成分はあまり減衰しないため、遠方で発生した地震でも長周期成分のみが伝搬することもあります。

一方、建物も、最も揺れやすい周期、すなわち、「固有周期」を有します。この建物の固有周期と地震動の周期が一致すると、「共振」と呼ばれる現象が生じ、小さな力であっても大きな揺れが生じます。

一般に、超高層建築物や免震構造の建物は固有周期が長いため、比較的小さな揺れの地震動でも長周期成分が多い地震動では、大きな揺れが発生することがあります。

また、長周期地震動は継続時間が長いことが多く、それが原因となり建物に被害が発生することもあります。

（伊藤　敦）

047

履歴特性

**Hysteretic
Behavior**

Ⅳ章

荷重／外力

構造実験のレポートを見ると，よく荷重と変形の関係を示すグラフが記載されています。通常，この荷重−変形関係は，横軸が変形，縦軸が荷重で曲線を描いています。また，荷重は一方向だけではなく逆方向にも掛けられ，それが繰り返し行われています。

たとえば，鉄筋コンクリート造部材の実験の荷重−変形関係を細かく見ると，初めは斜めに直線を描き，荷重が大きくなるとコンクリートのひび割れが始まり，その影響を受けその勾配が緩やかになり，曲線を描き始めます。この状態で除荷すると，荷重−変形関係は原点を直線的に目指します。

除荷を途中で止め，最初と同じ方向に再び載荷し，荷重があるレベルに達すると，今度は鉄筋が弾性範囲を超えて，載荷に対する抵抗力が頭打ちとなり，その影響を受け荷重−変形関係の勾配はさらに緩やかになります。この状態で除荷すると，今度は原点に戻らず，荷重がゼロになっても変形が残ります。このあと載荷や除荷を繰り返しても，荷重−変形関係は原点には戻りません。

以上は鉄筋コンクリート造部材で例示しましたが，鉄筋コンクリート造部材に限らずこのように荷重−変形関係は，現在の加力だけではなくそれまでの過程で加わった力の影響を受けます。その特性を，履歴特性と呼びます。

（逢坂博文）

構造材料，部材，骨組み，地盤などに荷重を加えますと，その大きさにより変形します。

荷重を除いていきますと，変形は少なくなっていきます。この荷重と変形の関係を履歴特性といいます。構造材料や部材は，それぞれ異なる履歴特性をもっています。

荷重によって変形の大きいものや小さいもの，荷重と変形関係が比例しているものや，曲線の関係になっているものがあります。また，比例関係にあるものも荷重が大きくなり，ある限界を超えますと，比例関係が崩れ，変形が大きくなるものがあります。荷重と変形の関係の代表的なものは，ある限界荷重までほぼ直線で，その後曲線的に変形が大きくなっていくタイプや，最初から曲線的に変形していくタイプ，最初の方が変形が大きく荷重が大きくなると小さくなるタイプなどがあり，構造材料，部材によって履歴特性が異なります。この履歴特性は，今まで数多くの繰返し荷重を作用させた構造実験などにより研究されています。新しい材料，部材，骨組みなどについては，実験，解析などにより履歴特性を解明する必要があります。

このようにして明確にされた履歴特性を基に構造解析をし，どれだけの荷重に耐えられるか，変形はどのくらいか，粘り強く耐える構造なのかについて，安全性を検証しています。履歴特性は，構造物の安全性を確かめるためには大変重要な特性といえます。　　　　（鵜飼邦夫）

一般的に「履歴」とは，その人が経てきた学業・職業などで，履歴書が思い浮かびます。

コンピュータでは，データの送受信などの記録のことをいいます。

建物の「履歴情報」とは，住宅の設計施工，維持管理，権利および資産などに関する情報のことをいいます。構造としての「履歴特性」とは，荷重−変形関係の復元力特性が思い浮かびます。柱や梁の部材レベルにおける復元力特性と，層をひとくくりとした層レベルの復元力特性があります。

復元力特性は，骨格曲線と履歴特性により定義され，除荷が起こったときの剛性がどうなるかを表示した曲線を示します。

骨格曲線は，鉄筋コンクリートの場合は Tri-Linear 型（ひび割れ点，降伏点で剛性が変化），Bi-Linear 型（ひび割れ点を省略し，降伏点で剛性が変化）などでモデル化するのが一般的です。

振動解析するにあたって，この復元力特性をどう設定するかは，大変重要で応答結果にも影響する事項です。実際の挙動に近づけようとして，安全側の結果にするために，さまざまな仮定やモデル化を採用します。

また，上部の柱や梁の部材よりも地盤についてはより非線形性が大きく，履歴特性のモデル化などはより困難となります。

（佐藤隆志）

048

津波荷重

Tsunami Load

IV章

荷重／外力

海底で地震が発生すると，海底の地盤が隆起もしくは沈降します。これにより，海水が揺すられ，大きな波となって四方八方に伝播します。これが津波です。この津波が構造物に当たると，大きな力が作用します。この力が「津波荷重」です。津波荷重が作用する方向は，主に水平方向となります。

津波荷重の大きさは，津波の速さや高さ，構造物の幅や外形に大きく影響を受けます。津波の速度が速いほど，津波の高さが高いほど，構造部の幅が大きいほど，力を受けやすい形状ほど大きな力が作用しますが，地震荷重とは異なり，構造物の重さには影響を受けません。

津波の速さや高さは，周辺地形の影響を大きく受け，入り組んだ地形の場合には，局所的に津波の速さや高さが増幅され，大きな力が作用する場合もあります。

また，津波は，沖から岸に向かう「押し波」と岸から沖に向かう「引き波」があるため，それぞれについて考慮する必要があります。加えて，海水と一緒に流れてくる浮遊物の影響も考慮する必要があります。場合によっては，小船などが津波に流されてくる場合もあり，海水に比べ比重が大きいものが流れてくる場合は，局所的に構造物に大きな損傷を与える場合もあります。

（伊藤　敦）

114

津波は，海底の変位によって起きます。地震により海底が上昇（または下降）し，海水が重力で元の位置へ戻ろうとして伝わります。東北地方太平洋沖地震では2分ほどでこの変位は終わり，津波は5分以内では海水が全部持ち上がった（または下がった）と考えていいといわれています。津波の伝達速度は震源の水深の平方根に比例します。水深4,000mでは時速720kmになります。（$v=\sqrt{gh}$）海岸近くの水深が浅くなるところでは，後の波が先の波に近づくことになります。

　津波の発生メカニズム，襲来状況は地震観測から解明されています。現在では，津波現象はかなり正確に海底地形を考慮したシミュレーション解析することが可能となっています。津波荷重はこれらを基に流体力学を適用し，提案されています。

　津波荷重の詳細については（一社）日本建築学会の「建築物荷重指針・同解説」（2015年）に示されています。これによれば津波荷重の算定の基本数値を設計用水深深さと，設計用流速としています。この値は津波ハザードマップやシミュレーション解析，実験などを参照して決定します。これらの値を既知として津波の実況に応じて，津波先端部の荷重（津波の先端部の壁のような段波力），津波非先端部の荷重（非先端部の津波の流れによる力），静水圧の荷重，漂流物の荷重を適切に評価し，適用しています。

（鵜飼邦夫）

津波荷重は津波によって建築物に作用する圧力および力であり，津波波圧，津波波力および浮力の総称です。津波荷重は，浸水深が深くなるにつれて大きくなり，建築物に作用する風荷重や地震荷重と比較して大きな荷重となる場合があります。

　津波避難ビルなどの整備にあたっては，建築物に作用する津波波力は津波波圧に津波の圧力を受ける面積を乗じて算定します。構造設計用の津波波圧は浸水深の3倍に相当する静水圧を基本とし，津波が来襲する方向に他の建築物などの遮蔽物がある場合で，津波の勢いが低減されることが見込まれる場合には，この倍率を2，さらに海岸や河川から500m以上離れている場合については1.5まで低減することができます。

　津波波力は，すべての方向から作用すると想定します。津波の進行方向，直行方向とも同じ大きさの荷重を想定することを原則とし，引き波についても同じ荷重を見込むことが適当とされています。

　窓ガラスなどの開口部がある場合には，津波波力が低減されるほか，ピロティなどの開放部分には津波波圧が作用しないことを考慮することができます。また，建築物の転倒などに対しては建物内部に津波が流入しない場合を想定して，浮力を考慮する必要があります。

（太田原克則）

049

空力不安定振動

Aerodynamic Unstable Oscillation

Ⅳ章
荷重／外力

建物に風が当たると，建物の形状に応じて建物の周りに空気の流れが形成されます。この流れに応じて，建物は押されたり引っ張られ，建物は変形したり振動します。この建物の変形・振動により，建物周囲には新たな空気の流れが形成されますが，場合によっては，この新たな流れにより建物に加わる風力がより大きくなり，更に大きく建物が変形もしくは振動することがあります。これが繰り返されると，建物はどんどんと大きな風力を受け，大きな振動を発生することが稀に生じます。これが「空力不安定振動」といわれる現象です。

空力不安定振動は，長方形の平面を有する建物でも発生しますが，特に，建物が軽く，剛性（かたさ）が低い場合や，減衰力が小さい場合に発生しやすくなります。また，空力不安定振動は，比較的低い風速域でも発生することがあり，建物に大きな被害を与えることもあります。

（伊藤　敦）

ブラインドの羽根が風でばたつくのを見られたことがあると思いますが，これが「空力不安定振動」の一例です。薄く柔らかいものが空気の流れにさらされたとき，それが振動することで周りの空気の流れを変え，変えられた空気力が振動状態を変えるという繰り返しが起き，振動が増幅します。これを「自励振動」といい，自励振動が大きな振動に至った結果，構造物が破壊に至ることがあります。この例として有名なのが，1940年の「タコマナローズ橋」の落橋です。非常に薄くつくられた橋桁は極めてたわみやすくねじれやすいため，簡単に振動が始まり，また，空気の渦ができやすい形状であったために，橋桁が動かされ，動かされることによってまた新たな渦を発生させる，という繰返しが起き，最終的に大きな振動に至り橋は崩壊しました。当時の映像を，動画サイトで観ることができます。

建築物においては，スレンダーな超高層ビルや通信タワー，ドームなどの大スパン構造物で，空力不安定振動が生じる可能性が考えられます。従来の風洞実験に加えて，最近では流体力学に基づいたコンピュータによる数値解析により，構造物の振動と風の流れを把握することが可能となっており，空力不安定振動に関する検証が行われています。

（青木和雄）

空力不安定振動とは，固有振動数が低く（柔らかい），幅や奥行に対して高さが大きい構造物や細長い部材で，揺れが減衰せずどんどん大きく発散してしまう振動のことで，渦励振やギャロッピング，フラッターなどの現象があります。

風の流れの中での構造物の背後には，渦（カルマン渦列）が形成され，渦の発生振動数と構造物の固有振動数が一致する風速で，風の流れとは直角方向に振動する渦励振が発生することがあります。

さらに，ギャロッピングやフラッターと呼ばれる発散振動が発生することがあります。これは，後方のカルマン渦とは別に側面にも渦が生じ，構造物の奥行方向の長さにより，その渦の外側の空気が構造物の表面近くを離れ（剥離），再び近づく（再付着）現象によります。ギャロッピングは剥離型，フラッターは再付着型の構造で生じるとされています。

ギャロッピングは渦励振と同じく風の流れと直交方向に変位が生じ，フラッターはねじれフラッターと呼ばれ，構造物にねじれが生じます。いずれも振動幅が大きい発散振動で，耐風設計上注意が必要です。空力不安定振動は，ワシントン州のタコマナローズ橋の落橋が有名です。

建築物では，スタジアムの片持ち式屋根などはこのような空力不安定振動に対して，十分な注意が必要です。

（中村俊治）

050

上下動

Vertical Vibration

Ⅳ章
荷重／外力

　一般的に「上下動」から連想される
ものとして，「マラソンやゴルフスイン
グでの上下動」のように，あまり望まし
くない動きとしてイメージされることが
多いように思われます。

　建築においては，地震などの水平方向
の振動の水平動に対して，垂直方向の動
きとして上下動が表現されます。

　大きさとしては，（一社）日本建築学会
の「非構造部材の耐震設計施工指針」で
解説されていますが，地震動の観測や波
形のシミュレーション解析の結果から，
上下方向の加速度振幅は，平均的に水平
方向成分の1/2～1/3と考えられていま
す。

　一般建築では，通常上下動まで考慮し
た設計までは行いませんが，片持ち部材
に対しては，「平成19年国土交通省告示
第594号第2」にて，2m以上突出する
片持ち部材に上下1Gにて安全確認が必
要です。2m以下では振動の励起（れい
き）が生じにくいため，2m以上と規定
されているとのことですが，上下動の局
部震度の考え方が取り入れられています。

　高層建物や特に免震構造の建物に対し
ては，水平動・上下動同時入力による動
的解析などを行って，水平動・上下動同
時加振状態での免震支承材の引抜きの検
討などを行う必要があります。

　塔状比の大きな建物の場合，シビアな
設計になることとなります。

（佐藤隆志）

道路を跨ぐ歩道橋を歩いている時，揺れを感じるのは主に上下動で，下を車が通過したときの「交通振動」や，同じ歩道橋を歩いている人が原因の「歩行振動」などです。このことは建物についても同様です。とくにスパンの長い梁の中央部では顕著ですので，そのような梁の設計には注意が必要です。

スパンの問題だけでなく，たとえば，ある階がエアロビクスに使われていると，床振動が柱を介して他の階へ伝播して，問題となることがあります。外部からはコンサート会場の観客の飛び上がりが，地盤を伝わり（地盤振動），近隣の住宅を揺らすこともあります。

揺れを減じるには，揺れる部分の重量と剛性を変えて，周期を変化させ揺れを減少させることや，TMD を付加した動制振などに通常はダンパーを併用し，減衰を増して揺れを制御するなどの方法があります。

ほかにも，地震波そのものにも上下動成分があります。S 波の鉛直成分（SV波）や，表面波といわれるレーリー波などです。これは構造躯体の強度検討に用いられます。通常建物に入力する地震上下動は，水平動に対して，振幅比で30〜50％と考えられています。

免震建物では，そのような影響を考慮して設計することが一般となっています。

（足立博之）

地震動の揺れの上下方向成分を意味することが多いです。この他地震動の上下方向成分により，励起された梁の鉛直方向振動（梁の上下動などといいます）があります（歩行時の床の鉛直方向振動などは，床振動ということが多いと思います。）。

建物の構造設計においては，地震動の水平方向成分が建物全体の安全性に与える影響が大きく支配的であり，上下方向の成分による影響は少ないと考えられています。この考えに則り，現行の基準法では外壁からの突出部分（片持ち部材など）や後述する告示免震を除いて，地震動の鉛直成分による付加応力を構造計算に考慮する規定はありません。しかし，実際には長スパンの梁やトラス梁などで，上下動による付加応力を無視できないケースもあります。この場合は構造設計者にて適宜この影響を考慮して，設計を行うことになります。

なお，時刻歴応答解析により大臣認定を取得する超高層建物や免震建物は，その審査過程において上下方向の影響を，考慮することを求められることが多いです。また，平成12年建設省告示第2009号に示された式で免震建物を設計する場合，その免震支承の検討において地震動の上下方向成分の影響を考慮した検討式を用いることになっています。

（石田大三）

建築構造用語事典 II

051

杭頭免震

**Pile-Head
Base Isolation**

Ⅳ章

荷重／外力

免震構造には，免震層を最下層に設ける「基礎免震構造」と中間階に設ける「中間階免震構造」がありますが，そのほとんどは基礎免震構造（建物の最下層にピットを設けて免震装置を基礎の上に配置する）となっています。

従来の基礎免震構造は，免震装置を支持する基礎および杭の周囲に，剛強な基礎梁やマットスラブが設けられており，免震装置に発生する応力を安全に負担しています。

杭頭免震とは，杭基礎の建物に採用できる工法であり，免震装置下の基礎，基礎梁を省略し，杭頭に直接免震装置を配置する工法です。基礎躯体を大幅に削減することができ，工期短縮も可能となります。

注意する点として，免震構造特有に発生する $P-\delta$ 効果の応力が，基礎梁がないために杭頭に直接作用することとなります。杭を設計する際に，その配慮が必要となります。

（野澤裕和）

杭頭免震は，読んで字のごとく「杭頭（の上に）免震（部材）を配置した免震工法」です。

一般的に免震建物は，杭と免震部材の間に剛強な基礎・基礎梁・マットスラブなどが配置されているため，基礎部分の掘削が深くなります。

よって，一般的な耐震建物と比較した場合，建設費増大・工期長期化となります。

そこで，免震建物としての性能を維持しながら，建設費縮減・工期短縮を目的として考えられたのが杭頭免震です。

杭頭免震は免震部材を杭頭に配置することで，基礎・基礎梁・マットスラブなどを取止めたり，せいの小さな扁平梁にしたりすることができます。これにより，基礎部分の掘削も浅くなり，建設費縮減・工期短縮を実現しています。

技術的な配慮事項として，免震部材を杭頭に配置しているため，地震時における杭頭部の回転や，それによる免震材料への影響などを考慮した設計を行う必要があります。

（平石浩二）

杭頭免震とは杭頭部に直接免震部材を設置し，杭頭部の基礎や杭同士をつなぐ基礎梁を，省略または簡略化した免震方式です。

通常の免震建物では，最下層の床と基礎の間に免震層を設ける基礎免震や，最下層以外のいずれかの階の間に免震層を設ける中間階免震とすることが一般的ですが，杭頭免震では基礎免震から基礎・基礎梁を省略・簡略化し，最下層の床と杭の間に免震部材を設置した構法となります。

杭頭免震の特徴として，基礎梁を省略したり，基礎梁をフラットスラブのような扁平なものにすることから，地下の掘削土量と基礎躯体数量を軽減でき，建設工期とコストを圧縮することが可能になります。

一方，軟弱地盤や液状化のおそれのある地盤では，基礎梁が省略・簡略化されているために，地震時に杭頭部が回転変形しやすく，免震部材に過大な回転変形が生じて，免震部材が本来の性能を発揮できないおそれがあります。したがって，このような地盤では杭頭免震の採用は難しく，仮に採用できる場合でも十分な検討・配慮が必要となります。

（西本信哉）

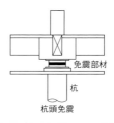

杭頭免震

052

積雪荷重

Snow Load

Ⅳ章
荷重／外力

建物には，さまざまな外力（荷重，負荷）が作用します。「積雪荷重」もその一つです。

雪が降ると，建物の屋根やベランダに雪が積もります。積もった雪は，建物にとっては外力（荷重，負荷）になります。それを「積雪荷重」といいます。

建築基準法では，雪の重さは2種類に分けられています。たくさん雪が降る地方（多雪区域）の雪の比重は「0.3」，雪が少ない地方の雪の比重は「0.2」と決められています。

つまり，雪国に積もった雪は，温暖なところに積もった雪よりもすごく重いとされています。また，降雪量（積もる深さ）は20 cm〜2 m超とすごく幅があり，「標高にも関係があるため，一般に標高が高いほどたくさんの雪が積もる」とされています。

つまり，九州・沖縄の平地と，東北・北海道の高地とでは，「積雪荷重」に大きな違いがあります。「積雪荷重」によって，建物の柱や梁，筋かい，耐震壁などの構造に必要な強さや量が変わってきますので，その分，建築に必要なコストも違ってきます。

でも，雪下ろししたり，「融雪装置」を取り付けることで，積雪荷重を少なく設計することも可能です。

（波多野隆之）

日本は冬の季節になると，雪が降ります。雪は建物の屋根の上にも積もりますが，積雪荷重とは建物の上に積もった雪の重さのことをいい，主に屋根の上に作用する荷重になります。建築基準法では，建物の構造計算をするにあたり，雪積荷重を考慮して計算することになっています。

雪の積もる量は場所により異なり，日本海側の地方で多くみられます。1m以上積もる場所を，多雪区域として建築基準法で定められています。多雪区域の単位荷重は，雪が降り積もり圧縮された状態になることから，一般地域よりも重くみることになっています。

積雪荷重は屋根の勾配，雪止めの有無，雪下ろしの有無により影響されます。

平成26年2月に関東甲信越地方において，大雪の直後に降った雨による影響で，勾配の緩い大きな屋根の崩落などの被害が相次いで起こりました。これは降り積もった雪が雨を含んだために，想定以上の大きな荷重になったことが原因と考えられます。そこで，被害の大きかった一定規模以上の緩勾配の屋根について，建築基準法における積雪荷重を強化改正されることになりました。

（大﨑 修）

平成26年2月の関東甲信越地方を中心とした大雪は，直後に雨が降ったことにより，体育館などの勾配の緩い大きな屋根の崩落などの被害を発生させました。

一定規模以上の緩勾配屋根については，積雪後に雨が降ることも考慮して建築基準法における積雪荷重を強化することとし，平成30年1月15日改正告示が公布され，平成31年1月15日に施行されました。

改正内容は，多雪区域以外の区域で垂直積雪量が15cm以上の区域にある建築物で，棟から軒までの長さが10m以上，15°以下の緩勾配で，屋根重量が軽い建築物に割増係数が掛けられます。積雪荷重は，建築基準法施行令第86条に記載されています。

建築基準法は最低限の規定であり，基準法を超える想定外の雪荷重に対して，どう対処するかを考えておかなければなりません。

たとえば，雪だまりができないような屋根計画，セットバックなどにより落雪する可能性がある直下にトップライトなどを極力設けない計画，軽い屋根のトラス梁の挙動，ロングスパン梁直下の間柱には想定外の力が加わる可能性があることなど，設計上の注意が必要です。

（田村浩史）

053

ベースシア係数

Base Shear Coefficient

Ⅳ章

荷重／外力

「ベース」「シア」「係数」に分けて考えるとよいです。まず，「シア」ですが，これは層せん断力を意味しており，建物でいうと水平力に相当すると考えてください。地震が発生した場合，建物には水平力が発生しますが，階によって水平力は変わりますので，「層せん断力」として各階の水平力を確認する必要があります。

次に，「係数」についてですが，ある層のせん断力をその層が支えている重量，つまりその層から最上階までの重量で割ったものを「層せん断力係数」といいます。慣性力＝質量×加速度という式を物理の授業で習ったことがあると思いますが，力を重量で割ると，加速度がわかるため，層せん断力係数を求めると，建物の大きさに関わらず，各階の地震力の大きさがわかりやすくなります。

最後に，「ベース」ですが，これは基礎・基本の意味で，ここでは最下階（通常は1階）を指します。つまり，「ベースシア係数」は最下階の層せん断力係数のことです。

ベースシア係数は最下階のため，建物を1階建とみなしたときの地震の大きさを示す指標になり，その建物の耐震性の判断や，さまざまな建物の地震力の比較などに利用することができます。

（北山宏貴）

ある階に地震時に生じる水平方向の力を，その階より上の建物全重量で除した値を，地震層せん断力係数といいます。とくに1階に生じる地震力を，地上の建物全重量で除した1階の層せん断力係数は，ベースシア係数と呼ばれ，建物を耐震設計する際の重要な指標の一つです。

層せん断力係数の概念は，1981年に施行された「新耐震設計法」により取り入れられました。それまでは，震度（重力加速度に対する加速度の割合）として規定されていました。

現在，一般的な建物の設計に用いられるベースシア係数は，中地震時（震度5強程度）において，低層建築であれば0.2，高層建築になると固有周期が長くなりなることが考慮され0.1程度になることもあります。

大地震時（震度6弱〜6強程度）には，バランスのよい低層建築において，ベースシア係数換算で0.25〜0.55の耐力が求められます。さらにバランスが悪くなると，最大で0.75〜1.65もの耐力が必要となります。

同様に，限界耐力計算で耐震性を判定した木造住宅の場合には，0.3〜0.6程度の値が必要となります。

一方，免震構造では大地震時においても，ベースシア係数は0.1〜0.15程度となり，安全性の高さがわかります。

このように，ベースシア係数から建築の耐震性能の一端を知ることができます。

（鈴木直幹）

地震が起きた時，建物にはどのような力が働くのでしょうか。地震が起こった時，地面が大きく揺れます。建物は大きく揺すられるように見えますが，実は動いているのは地盤で，建物は慣性の法則に従って元の位置に留まろうとしているだけです。動いている地盤の上に立ち，地盤が止まっていると考えると，建物は揺れているように見えるのです。その時，建物にはどのような力が働いているのでしょうか。机の上に箱を置いてみてください。そして，机を揺すると，箱は振動方向に揺れ，大きく揺すると転倒します。机が揺すられることにより，箱には水平力が働いているのです。同様に，地震時に建物は地盤が動くことによる水平力を受けています。でもどのくらいの水平力を受けているのか，どのくらいの水平力に耐えることができればいいのか，よくわかりませんね。一つひとつの建物はその高さ，重さも違います。どの建物にも共通な地震時の水平力，層全体にかかるせん断力の指標となるものはできないでしょうか。実は，この指標となるものが，ベースシア係数なのです。建物全体が揺れる基となる1階以上の建物全体を支える重量に対する水平力（層せん断力）の比を取ったもの，たとえば100の重さに対して20の層せん断力は，20/100＝0.20，これがベースシア係数です。大地震時は，建物重量と同じ重量の水平力1.0Gまで耐えられるように設計する必要があります。

（細野久幸）

建築構造用語事典Ⅱ　　125

054

凍結深度

Frost Penetration Depth

Ⅳ章
荷重／外力

子供の頃，凍り付くような寒い朝，土が盛り上がり，その上を歩くとシャクシャクとシャーベットのような氷を踏んでいる感覚がおもしろくて，ずっと踏んでいた記憶があります。なぜ，このようなことが起きていたのでしょう。まず，土というのは土粒子と空隙からなっており，その空隙には水分を含んでいます。たとえば，公園の土を触ってみてください。湿っていますよね。この土中の水分が，寒い冬の朝，とくに寒冷地では凍ります。この凍結する深さを「凍結深度」といいます。「凍結深度」，その名のとおり，地盤の凍結が起こらない地表面からの深さを示します。でもこの言葉，おもしろいで済まされるものではありません。地面が凍結すると，どのようなことが起こるでしょうか。地面が凍結すると，膨張して土の体積が増大し，地盤が押し上げられます。建物の基礎がこの凍結深度より浅いところにあると，基礎がゆがんだりします。水道管などは，破断する危険もあります。したがって，建物の基礎の根入れ深さや水道本管からの横引き給水管は，凍結深度より深いところに設置する必要があるということです。本当にそのような力があるのかなと疑いたくなるかもしれませんが，水は氷に変わるとき，9%も体積が増加します。この膨張するときの力が，建物を押し上げる，または，コンクリートをひび割れさせる原因となります。凍結深度は寒冷地で定められています。調べてみてはどうでしょうか。

（細野久幸）

寒冷地における建築構造設計で，一番に思い浮かべるのは，積雪荷重だと思われますが，なかなか意識されにくいのが"凍上"という現象ではないでしょうか。

　小さいレベルでは，霜柱が表土を持ち上げる現象で，観察することができます。これが，建物レベルで起こるのが凍上です。持ち上げられる高さは一定になるわけではないので，基礎および建物が破損するおそれがありますし，凍結・融解を繰り返す地盤は建物の支持地盤として適しません。

　水というのは，人間の生活で最も身近なものの一つでありながら，物質の挙動としては特異な部分が多く，固体（氷）になると体積膨張を生じることもその一つです。これが凍上の要因となります。

　井戸水の温度が年間通じて，ほぼ一定なことは広く知られているように，地中温度もほぼ一定です。しかし，どのくらい深くなれば凍結しなくなるのかは地域（気温）によって異なりますし，また積雪のある地域では雪が断熱材のように作用して，冷気が表土に届かない場合もあります。

　地盤表層の温度変動が大きい深さの範囲で，かつ，寒冷季には氷点下になるおそれのある深さが凍結深度で，これは行政庁が定めています。基礎底面の深さは，指定されている凍結深度より深くしなければなりません。

（石田健吾）

北海道や東北地方などの寒冷地において，冬期に地中の水分が凍る深さを凍結深度といいます。寒冷地では，この凍結深度が 50 cm を超えるので，とくに根入れが浅い戸建住宅の基礎を設計する場合には，注意が必要です。

　根入れが凍結深度よりも浅くなると，冬期に地中の水分が凍り，霜柱により建物が持ち上がる不具合が生じます。また，水道管の埋設深さについても凍結深度より浅くすると，水道管が破裂するおそれがあります。

　この凍結深度の値は，特定行政庁が地域に応じて定めています。

（横田友行）

055

床振動

Floor-Vibration

Ⅳ章
荷重／外力

床振動は，建物の床に物がぶつかること（主に歩行などの人間の動作など）で発生します。

振動の感度には個人差がありますが，一般的に人が振動を感じるのは，1ヘルツから80ヘルツまでといわれています。

近年では，床の軽量化や大スパン構造の採用により，振幅の大きな床振動が発生しやすくなり，居住性が悪くなる事例が見受けられます。

たとえば，コンクリートスラブを採用すると，木造建築物の床と比較して，重量が大きく剛性が高いため，振動は小さくなりますが，遠くまで伝播するという特徴がみられます。

また，床振動には，床の固有振動数と同じリズムで動き続ける（コンサートでの「たてのり」など）と，振幅が増大してゆく共振現象が発生してしまうため，①床の固有振動数を，共振のしやすい4～8ヘルツを避けて，10ヘルツ以上とするためにスラブを厚くすること，②制振装置を設けること，などが必要となります。

振動とよく似たものに，騒音があります。日常生活の中で，音は常に存在するため，大小により騒音（不快な音）かどうかを分類しますが，振動は感じないことが日常であるため，有無により分類します。

（野村建太）

床の振動は，人が走ったり，飛び跳ねたりしたりして，床に大きな力が加わったときに，揺れを感じることが多いと思います。

　また，大スパン梁や軽量化した床など剛性が低い構造は，歩行程度の小さな力でも揺れを感じる場合があります。

　同じ揺れでも，感じ方には個人差があり，不快に感じられた場合に振動障害として問題となります。

　また，精密な機器は，小さな振動でも誤作動の原因となる場合もあります。

　振動対策としては，梁や床の構造体の剛性を高くして，揺れにくい構造とすることが考えられます。しかし，用途上，大スパンとなり剛性の確保が難しい場合や精密な機器を扱うような場合は，揺れを抑制する制振装置や防振床を利用して，揺れを軽減する方法が考えられます。

　振動障害は，建物が完成してから問題になることが多く，ある程度の予想はできるとしても，構造体の剛性をなるべく確保することが重要と思われます。

（野村　毅）

地震による大きな揺れではなく，歩行や建物内の機械，あるいは建物外部からの交通振動など，比較的小さな振動が居住性に影響することがあります。主に上下方向の床の揺れが気になりますが，強風時などの水平方向の揺れが問題になることもあります。人間の感覚は非常に敏感でかつ，個人差が大きいのですが，$1\,\text{cm/s}^2$に満たない程度の非常に小さい加速度でも，不安を感じたり，時には気分が悪くなったりすることがあり，建築計画上注意すべき場合があります。主に上下方向の床振動は，大スパン床や大スパン梁，薄い床や鉄骨梁の時に発生しやすく，水平方向の揺れは，建物形状や建物高さ，建物全体の水平剛性，ねじれ剛性などに依存して生じることがあります。床振動を抑制するために TMD などが用いられることがありますが，一般には加振力に比べて重量の大きな床や剛性の高い梁を用いることが，床振動性能を向上させるポイントとされています。住宅，ホテル，事務所，工場など，建物用途によっても有害とされる床振動レベルが異なります。また，電子部品工場など，人が感じないレベルの床の防振性能を求められることがあり，建物計画時に床振動について要求されるスペックを建築主と合意しておくことが大切です。詳しくは（一社）日本建築学会の「建築物荷重指針」や「建築物の振動に関する居住性能評価指針」などを参照してください。

（岸本光平）

転倒，浮き上がり
タイロッド
（弾性）すべり支承
中間階免震
耐震コア
塔状比
崩壊形
冗長性（リダンダンシー）／ロバスト性
キール
テンションリング
クライテリア
格子梁
ハットトラス・ベルトトラス
フィーレンディール
連結制震（制振）
折板構造
スリーヒンジ
コンピュテーショナルデザイン
クリアランス

計画
056〜074

056

転倒，浮き上がり

Over-Turning/Floating

V章

計画

地震が発生し水平方向に揺れると，建物を転倒させようとする力が働き，片側の柱には引き抜こうとする力が働き，反対側の柱には押し込もうとする力が働きます。引き抜こうとする力が常時鉛直方向に柱に加わっている荷重より大きくなると，基礎が浮き上がることとなります。さらに，大きな引抜力が生じると，やがて建物は転倒することとなります。

しかし，実際には地盤が大規模に液状化した事例を除き，大地震で建物が転倒した事例はほとんどなく，通常耐震設計上でも非常にスレンダーな建物を除き，転倒は起こらないものとして倒壊するときの強度を決定しています。転倒した事例がほとんどないことに加えて，浮き上がりが起こったときに建物に実際にどういう力が生じるかが，現状よくわかってないことなどが，そのようにしている理由です。

一方で，積極的に浮き上がりを許容することで，地震時の被害を軽減できる可能性を探る研究も行われています。

津波の圧力を受けた場合も，地震時と同様に，転倒させようとする力が働きますが，津波の場合には建物の耐力に比べて，かなり大きな水圧が生じる場合もあり，実際に建物が転倒した事例もあります。

（中村吉秀）

構造設計の原則が，建築基準法で以下のとおり明記されています。

「建築物の構造設計に当たっては，その用途，規模及び構造の種別並びに土地の状況に応じて柱，はり，床，壁等を有効に配置して，建築物全体が，これに作用する自重，積載荷重，積雪荷重，風圧，土圧及び水圧並びに地震その他の震動及び衝撃に対して，一様に構造耐力上安全であるようにすべきものとする。」（建築基準法施行令第36条の3）

大地震時にも構造耐力上安全であるということは，建築物が倒壊，崩壊に至らないことは最低限の条件であることは，いうまでもありません。この倒壊，崩壊に直結する建築部の破壊のパターンが転倒であり，転倒を引き起こす主たる要因が浮き上がりといえます。

建築物に作用する水平力に対し，転倒しないためには，建築物の最下部と地盤とが緊結されていなくてはなりません。しかし，この緊結されている部分が破壊され，離間してしまう。すなわち部分的に浮き上がりが生じることで，建築物の転倒に対する安全が損なわれ，その程度が進むと，転倒してしまいます。つまり，建築物の構造安全性を確保するうえで優先されるべきことが，転倒を防止することであり，転倒を防止には，浮き上がりを防止するということが非常に重要であるといえます。

（冨澤　健）

地震時に建物に大きな水平力が作用した場合，建物両端部において，地面を押し込もうとする力と建物を浮き上げようとする力が作用します。これらの力が大きい場合には，建物が転倒に至る危険性があります。

そのような状況になることを避けるためには，建物高さと幅の比（アスペクト比）を小さくすること，押し込む力により基礎・地盤の圧壊が生じないことを，確認する必要があります。

地震による地盤の液状化現象により，地盤が不安定な状態となった場合には，建物が転倒に至る可能性が高くなるため，液状化した場合に，建物を堅固に支持できる基礎の選定が重要となります。

また，建物内の家具も，地震時に大きな加速度が作用した場合には，転倒する危険性があるため，長周期地震度などにより，高層建物の加速度が大きくなるような上層階では，家具の転倒防止策を行うことも必要です。

（米山隆也）

建築構造用語事典Ⅱ　　133

057

タイロッド

Tie Rod

V章

計画

　二つの部材を連結して，引張材として機能させる部材を「タイロッド（テンションロッド）」といいます。ロッドは棒の意味で，棒鋼のように細く長い部材のことをいいます。

　タイロッドは大スパンの架構を実現するため，圧縮材と引張材（タイロッド）と束材を介して構成する張弦梁などに用いられます。

　また，梁が山形に屈折した形状の山形ラーメンの開き（スラスト）を防止する役割などにも用いられます。

　その他にも，庇および階段の踊場を吊るような形で配置することにより，たわみや落下防止を目的として使用されたり，耐震補強としてのブレース材の役割などに用いられています。

　また，ガラスによるファサードを構成する引張材として用いることで，透明性の高い大空間を可能にします。

　タイロッドは棒鋼のため，部材としては細く，視界を遮ることが少ないものとなっています。よって，タイロッドはさまざまな空間を構成する材料として用いられています。

（島田安章）

134

建築用のタイロッドは，テンションロッドとも呼ばれるように，引張抵抗力のみを設けたい位置に用いると効果的な部材です。たとえば，屋根面引張ブレース，庇先端の吊り材，外装支持部材の振れ止めなどに用いられます。

特徴は，引張力のみに抵抗するので，部材が非常に細いことと，ねじ式で組立可能な接合部品が揃っているため，組立や調整がしやすいことです。部材が細く，接合部品もそれほど大きくないため見栄えも良いことから，大空間の人の目に触れる位置に使われることも多いです。

また，ねじ式で火を使わずに設置できることから，改修工事に用いられる場合もあります。

ねじの向きを工夫した組合せによって，ロッドを回すことでねじの締め具合を調整できます。一般に，ロッドがピンと張って直線状になるまでねじを締め，少し引張軸力が生じた状態で設置します。

設置された位置の環境などによって，設置後にロッドが緩んでたるむ場合があります。しかし，ロッドを回してねじを締め直すことによって，再度直線状に調整することも可能です。

もちろん，施工時に調整しやすいことも大きなメリットです。見栄え・環境・施工性などに配慮して適材適所に活用すれば，非常に便利な部材だと思います。

（前川元伸）

辞書で調べると，タイ：tie【結ぶ，繋ぐ】，ロッド：rod【棒鋼】という意味になります。

名が示すとおり，立体的な架構の2点を結ぶ部材，あるいは部材を相互につなぐ部材をタイロッドと呼んでいます。

吊り構造や張弦梁など，引張材として用いられることが多く，テンションロッドと呼ばれることもあります。

他にも，外装を受けるマリオンの座屈止め，ブレース材として利用することがあります。古い耐震基準で建てられた既設建物への，耐震補強に用いられたりもします。

あらかじめ張力を導入することで，構造物を安定させることができ，導入する初期張力によっては，圧縮材としても扱えます。

軸力だけを負担する部材なので，端部はピン接合となりますが，仕上げで隠さず露出する場合には，見栄えの良いロッドエンド，フォークエンドと呼ばれる鋳物の接合部材を使い，意匠的に配慮することができます。

また，耐久性に関しては一般錆止め塗装だけでなく，屋外部で使用するときには溶融亜鉛めっき仕様にも適用が可能です。

（秋田 智）

建築構造用語事典 II

058

（弾性）すべり支承

(Elastic)
Sliding Bearing

Ⅴ章

計画

すべり支承とは，柱の直下に設置された テフロン樹脂などでできた板（すべり材）と，その下に敷かれた鋼板で構成された装置です。

普段は建物を支え，地震が起きた際にはすべり材が鋼板の上をすべることで，地震の激しい揺れをゆっくりした揺れに変える役割をもっています。

すべり支承の中でも，天然ゴムと鋼板を交互に積み重ねた積層ゴムにすべり材を取り付けたものを，弾性すべり支承と呼びます。

すべり材がすべり出す前の中小地震時には，積層ゴム部分が変形することで地震の揺れに追随します。

すべり支承でゆっくりした揺れに変わった建物の揺れ幅を抑えたり，早く止める役割のあるダンパーという装置も合わせて設置するのが一般的です。建物にこれらの装置を設置した免震層を設けると，この免震層で地震エネルギーがほとんど吸収され，建物の耐震性を向上させることができます。

（梅尾えりか）

「**弾**性（だんせい）」とは，応力を加えるとひずみが生じるが，除荷すれば元の寸法に戻る性質をいいます。

「支承（ししょう）」とは，橋や建物の上部構造と下部構造の間に設置する部材のことです。

「すべり支承」とは，アイソレータ（免震装置）の一種で，建物を支えつつ，地震時には激しい揺れを，長い周期の揺れに変換する役割を担っています。すべり系アイソレータともいわれます。柱の直下に設置されたテフロン樹脂などでできた板（すべり材といわれる）と，さらにその下に敷かれた鋼板（すべり材をよりすべりやすくする効果をもつ）の組み合わせにより，地震が起きた際はすべり材が揺れを受けて，鋼板の上をすべることで，地震の揺れが直接建物に伝わらないようになります。

「（弾性）すべり支承」とは，積層ゴムとすべり材が直列に構成され，すべり板の上に設置される免震部材です。建物をすべらせ，地震力を吸収し，長周期免震を実現します。中小地震では積層ゴム部がせん断変形し，大地震ではすべり機構（すべり材とすべり板）が摺動する機構です。

（佐藤隆志）

すべり支承は免震材料の一つで，すべり材（四フッ化エチレン樹脂など）とすべり板（ステンレス版など）の2種類の部材で構成されています。

大別すると，弾性すべり支承と剛すべり支承の2種類となりますが，ここでは，免震建物で使用されることの多い，弾性すべり支承について説明します。すべり支承は，読んで字のごとく「すべり（ながら）支（えて）承（うける）」免震材料です。

『すべり』とは，どういうことでしょうか。

自分の体が建物だと想像してください。

直接，地面に寝た場合，地震が起きるとダイレクトに揺れを感じるでしょう。これは耐震建物の状態です。

地面の上に氷のベッドを固定して置き，そのベッドに寝た場合，地震が起きると揺れを感じると思いますが，徐々に揺れが大きくなると，体は氷の上をすべります。このときの氷のベッドと自分の体との状態が，すべり支承の『すべり』の状態です。

すべり支承の性能は，すべることのできる範囲（可動量）が重要となります。ベッドでいうと，ベッドのサイズがシングルサイズ，ダブルサイズ，クイーンサイズ，キングサイズと大きくなるほど，可動量（すべる量）は大きくなります。性能が良くなればなるほど，値段も高価となります。

（平石浩二）

059

中間階免震

Middle Floor Base Isolation

Ⅴ章

計画

免震構造とは，建築物のある層に，水平方向に柔らかく鉛直方向に硬い積層ゴムなどのアイソレータを設置し，固有周期を長くして免震層から上階の地震時応答を小さくする構造です。

これをどの層に設置するかにより，基礎免震，杭頭免震，中間階免震に別れ，さらに中間階免震は，中間層の柱の中央に設置する場合と独立柱の柱頭に設置する場合があります。

中間階免震を採用しやすい条件は，基礎免震では，隣地境界が狭く擁壁との水平クリアランスが取れない場合，基礎が深くなりコストが不利になる場合，下階が商業施設で上階が居住施設のように，建築物の用途が下階と上階で異なる場合が考えられます。

一方，中間階免震では，免震層をまたぐ階段，エレベータ，エスカレータのほか，設備配管や内外装材は，免震層に生じる水平変位に追従できる納まりとする必要があります。

また，基礎免震とは違い，免震層の用途発生の有無により，免震ゴムに変形追従性のある耐火被覆が必要となる場合があります。

解析的には，免震層の剛性によっては上部階と下部階の連成により，上部階の応答加速度が大きくなる場合があるので，免震層の剛性設定が重要となります。

（小松茂一）

建物の中間層に，免震層を設けた免震構法です。基礎免震が建物の最下階の床下（基準法上"階"に定義されない基礎部分）に免震層を設けることに対し，中間階免震は，免震層の下位に基準法上の"階"があるような免震計画を指します。

計画建物の基礎が深く，基礎免震計画では不合理・不経済な場合，1階外周部にEXP.Jを取りにくい場合，地上部の建築計画において基壇部やセットバックなどによる計画上の切替え層があり，免震層を設けることが合理的な場合などに，採用されることが多いと思います。

中間階免震は，免震層が地下階にあるか，地上階にあるかで，構造設計の難易度が異なります。免震層が地下にある場合は，免震層より下位の地下躯体は地下躯体として剛強であることが多く，基礎免震構造と同様な考え方で設計できることが多いです。

一方，地上部に免震層がある場合では，免震層の上部構造と下部構造の両方の剛性・耐力を適切に設定して，免震効果を高める必要があります。

その他注意事項として，エレベータシャフトが免震層を貫通する場合はエレベータシャフト寸法に免震クリアランスを見込む，免震支承には耐火被覆が必要となることなどに配慮する必要があります。

（石田大三）

免震構造は，免震層を設置する位置により，「基礎免震」「中間階免震」に大別されます（他に「杭頭免震」がありますが，意味合いからは基礎免震に近く，基礎免震のコストダウンを主目的としたものといえます）。

基礎免震は建物の最下階(1階,あるいは地下階がある場合は地下の最下階)の下に免震層を設置しますが,中間階免震は最下階より上の階に免震層を設置します。

基礎免震は最下階下部に深い地下ピットが必要となり，このピットは地震が発生した際の建物の揺れ幅分を考慮したスペースを要するため，その分コストがかさみます。また，敷地にも同様のスペースを要します。

中間階免震は上記のようなピットを必要としないため，コスト的に有利となる場合が多いとともに，敷地の有効利用にもつながります。

低層部が広い墓石型の建物で（重要度に問題がなければ），高層部のみを免震構造とする場合などにメリットが大きいといえます。

留意点としては，エレベータが免震層を縦断する部分の検討や，内外装材などが免震層の変形に追随できるよう，設計上の十分な配慮が必要となることが挙げられます。

また，基礎免震よりも免震層を縦断する設備配管類が多くなる場合が多く，いずれも変形追随対策を要するため設備コストは高くなることに，留意が必要です。

（小島直樹）

建築構造用語事典 II

060

耐震コア

Seismic Core

V章

計画

中高層のビルに入っている会社に打合せに行くと，大抵エレベータホールはビルの真ん中あたりにあります。EV が4〜8 基あり，その隣にはめったに利用することのない階段室や便所，出入り禁止の設備室などが配置されていると思います。ビルの使用に便利でもありますが，一般の方にはあまり知られていない構造的に重要な区画でもあります。

RC 造や SRC 造の建物では耐震壁が配置され，S 造の建物では鉄骨ブレースや制振装置も配置されています。これらの部分を耐震コアと呼びます。

地震時にはこの部分が地震力を負担してくれるので，他の部分は建物重量を支える柱だけで設計ができ，建物内部は柱をなくすことまではできませんが，柱の大きさは小さく，本数も少なくすることが可能となり，大空間の部屋として使用できます。

また，外壁周りは視界を遮る壁やブレースがなく，すっきりとした外観にすることもできます。

ただし，柱が小さく少ない分，コアまわりに地震時の応力が集中しますので，下階柱や基礎，杭の圧縮力や引抜力が大きくなり，構造設計に頭を悩ますことも多いです。

（樋笠康男）

建物には，地震に抵抗する要素（耐震要素）が必要となります。耐震要素にはさまざまな部材（柱，耐震壁，ブレースなど）があり，それを配置する場所もさまざまです。

耐震コアとは，耐震要素を集中させたエリアのことをいい，そこで地震力を負担させる構造形式です。

建物の EV シャフトや階段室，機械室などが集中しているエリアを耐震コアとするケースが多く，このエリアは各用途を区切るために，多くの壁が配置されています。

その壁を利用して，耐震壁やブレースなどの耐震要素を集中させることができます。

耐震要素を耐震コアとして集中させることは，構造計画では合理的なことで，耐震コア以外の柱や梁は地震力の負担が少なくなるため，合理的な断面で設計することが可能となり，意匠上も優れたスレンダーな部材とすることも可能となります。

注意する点としては，耐震コアには非常に大きな地震力が作用するため，建物の偏心を防ぐため，バランスの良い位置に配置（建物の重心の近く）することが必要となります。

また，耐震コアの周囲の部材には大きな力が作用するので，その配慮も必要となります。

（野澤裕和）

事務所やマンションなどのビルでは，エレベータや階段・トイレ・設備機械室・配管などが通る設備シャフトなど，住宅や事務所などの用途以外の建物の重要な機能を担っている部分をコアといいます。そして，この部分をうまく利用して，建物の耐震性を高める構造の部分を耐震コアといいます。

鉄筋コンクリート造の建物ではコンクリート耐震壁，鉄骨造ではブレースや鋼板耐震壁を用いますが，ブレース型や間柱型の制震ダンパーを用いることもあります。

ビルが高層になるほど，縦に長い耐震コアは棒のように曲がる変形が大きくなり，地震力に抵抗する効率が悪くなるため，中間階や最上階を強く固めたりして，変形を小さくする工夫が必要になります。

しかし，耐震コアは構造的に一番有効な位置に，配置できることはなかなかありません。

壁やブレースは通路や出入口には邪魔になるため，建築平面計画との調整が重要であることはもちろんですが，コア部分は非常に狭い空間にビル設備の重要な配管や配線や空調ダクトが通っていて，構造と設備や電気と場所の調整もまた重要です。

建築・設備計画と構造計画を調和させるため，計画段階での洞察力や調整力が必要となり，構造設計者の腕前を発揮できる場所でもあります。

（中村俊治）

061

塔状比

Aspect Ratio

V章
計画

塔状比とは，一般の方には耳慣れない言葉です。アスペクト比とも呼びます。塔状比は，建物がどの程度細長いのかを表す指標で，建物の高さと幅方向の比で示されます。

建築基準法では，一般的な構造計算方法で建物の塔状比が4を超える場合には，地震時に抵抗するために建物の強度を高めることを義務付けたり，塔状建物はその形状から倒れやすいので，建物を支える杭の強度についての検証を義務付けています。

塔状比の高い建物とは4以上の建物をいいますが，日本には6を超える長細い建物も沢山あります。また，地震などが少ない外国では，塔状比が10を超える建物も設計されているようです。

近年では免震建物が多く建設されていますが，免震建物を設計する際には塔状比に気をつけなければなりません。多くの免震建物は積層ゴムを用いた免震装置を採用していますが，この免震装置は縦方向，とくに引張力に対する強度が低いものが多いです。

塔状比の高い建物は，建物外周の柱に大きな引張力が働く場合が多いので，それに取り付く免震装置の安全性の確認が重要となります。

（山下靖彦）

塔状比とは，建物の高さ方向と幅方向の長さの比率をいい，高さを幅で除した数値になります。つまり，建物のスマートさを数値で表したものです。

　この塔状比が4を超える建築物は，塔状建物と呼ばれます。塔状建物は，台風や地震の揺れに大きな影響を受けるため，揺れに対応する性能が必要になります。とくに，建物が転倒しないよう配慮が必要になります。

　塔状建物は，一般的な建物に比べると，骨組みや基礎の性能を上げることになりますので，構造体にかかる費用が割高になります。

　また，この塔状建物には，都市の市街地の狭い敷地を最大限に有効利用するため，余地なく建設されている中層建築物があります。

　このような建築工事では，敷地の環境と諸条件（敷地形状，近隣問題，建築公害，道路事情，交通機能，作業性，作業時間，営業障害など）から，一般の建物の施工に比べ，施工上の制約が多く，必然的に工事監理上の留意事項も増大します。

　他にも耐火性，後で補強，補修がむずかしいことから耐久性も必要となってきます。

　よって，塔状建物に敷地の環境と諸条件の影響が加わると，さらに工事費全体が割高となる特徴があります。

（尾添政昭）

塔状比は，構造設計をする上で注意すべきポイントの一つです。塔状比は，（建物高さ）／（建物の短辺方向の長さ）です。塔状比が高い建物はスレンダーな建物となり，構造的には揺れやすく，力の変動が大きい建物となります。

　建築基準法上では，塔状比の一つの目安として4を設定しています。それを超える建物は，建物が転倒をしないことの確認をより強化されて求められています。具体的には，地震力の割増と，そのときに転倒しないことを確認しないといけません。

　塔状比が大きい建物は耐震性能上不利となるため，実現するために柱や梁が太くなるのではと，考える人もいるのではないでしょうか。そのようにして設計をすると，塔状比が大きい建物はただでさえ間口が小さいのに，さらに閉鎖的な建物となってしまいます。

　塔状比が大きい建物は，揺れ方の特徴としてしなるような（曲げ）変形となります。その特徴を有効に活かして，エネルギー吸収部材である制振装置を設けることで，揺れを抑えることができます。それらの建物は，スレンダーで間口が開放的な建物を実現することができています。

　設計を進めて行く上で問題点を明確にすることで，条件が不利な建物でもその理由を明確にし，高度な検討をすることで，より一層付加価値の高い建物を実現することができます。

（長島英介）

062 崩壊形

Cllapse Mode

V章
計画

建物は建築基準法で規定される地震力に対して，安全に設計をされています。ただし，建物は無限に丈夫なわけではなく，法律で規定されるよりも大きな力が加わると，壊れる可能性があります。

構造設計をする際には，建物が地震や風などの力に対して，最終的にどのように壊れるかを考えて設計を行います。

この壊れ方は，大きく三つの分類で考えられることが多いです。

一つ目は，建物全体が崩壊する全体崩壊形です。その名のとおり，建物が根元から壊れてしまう崩壊です。

二つ目は，建物が部分的に崩壊する部分崩壊形です。建物のある階が，その階だけ壊れてしまうような崩壊です。

三つ目は，建物のある部分が局部的に崩壊する局部崩壊形です。たとえば，ある階の1本の柱が局部的に壊れた場合，上階の重量を支えられなくなり，上階の床などが崩れる崩壊です。

構造設計者にとって，法律で定められた地震や風などの外力に対して，安全に設計することは当然です。しかし，設計した建物がどのように壊れるかを把握することも重要で，崩壊形を把握し，設計者の判断によって安全性をさらに高めたりすることがあります。

（山下靖彦）

建築基準法において，建物の保有水平耐力計算を行う場合には，崩壊形（崩壊メカニズム）を確認することが義務付けられています。崩壊形の確認とは，建物がどのように壊れるか？　ということを確認することです。

　より具体的にいうと，建物が地震力（水平力）に耐えられなくなる，すなわち，倒壊，崩壊する限界状態を確認することになります。

　崩壊形には，全体崩壊形，部分崩壊形，局部崩壊形の三つが定義されており，建物ごとに構造設計者が設定します。このうち，構造的に最も望ましいとされる崩壊形は全体崩壊形で，建物が全体として水平力に対して不安定になる崩壊形であり，大きなエネルギー吸収が期待できます。

　つまり，建物が地震によって建物に入力されるエネルギーをより多く吸収することができ，より耐えることができるということを意味します。

　一方で，部分崩壊形とはある特定の階が水平力に対して不安定な状態になる崩壊形であり，局部崩壊形とは，ある特定の部材が崩壊して建物の一部が鉛直荷重を支えられなくなる状態になる崩壊形です。

　いずれも特定の層や部材の耐力を十分に確保する必要があり，建物全体としては非合理的な計画となりうることに，注意が必要です。

（笹元克紀）

告示第594号第四の一に示されているように，保有水平耐力は建築物架構の崩壊メカニズムとして，①全体崩壊形，②部分崩壊形，③局部崩壊形のいずれかに達するときの主要な部材に生じる水平力の和とされています。

　この三つのうち，構造的に最も望ましいとされているのが，①全体崩壊形です。各階で梁降伏を先行，耐震壁脚部での曲げ降伏を先行させることで，高いエネルギー吸収が期待できます。

　一部の階を除いて終局状態になっている場合，一部の階だけ終局状態になっている場合が，②部分崩壊形に該当します。また，耐震壁のせん断破壊になっている場合が，③局部崩壊形に該当します。これらは崩壊メカニズムに達していない階では，さらに大きな地震力まで耐えられ，崩壊メカニズムが未形成である階の保有水平耐力が必ずしも明確ではないので，さらなる詳細検討が必要になります。

　また，高層住宅のように短辺方向の長さが短い板状建物の場合，地震時の転倒モーメントによる浮き上がりによって保有水平耐力が決まることがあるので，浮き上がりによる転倒を防止するための検討を行う必要があります。

（安野　郷）

063

冗長性 (リダンダンシー) / ロバスト性

Redundancy/ Robustness

V章
計画

冗長性とは，そもそもは「余剰・余分・重複」という意味の言葉で，IT用語などでは，システムの二重化・重複化などによる信頼性や安全性を確保している状態を示す用語として使われています。

建築構造の分野における冗長性とは，安全率や余裕度が高く，フェールセーフ的な特徴をもつことを指します。一例として鉄骨材料における，降伏比（終局耐力に対する降伏強度の比率）が小さいということも，一つの冗長性があるといえます。

ロバスト性とは，不確定なもの，ばらつきの大きいものに対して，あまり敏感に反応しない安定した抵抗性があること，頑強性があることを示します。

近年，解析手法の発達により，最適解を求めることも可能になりつつありますが，最適解のみではロバスト性が低い構造となります。地震などの外乱や構造物の材料には，誤差やばらつきは必ず存在します。それらの誤差・ばらつきに対し，それらに耐えうる建物がロバスト性が高い建物といえます。

近年，特に地震の発生に関して，直下型地震動や長周期地震動など，さまざまなタイプの地震動に対して想定を超える地震動の発生の可能性が示唆されています。

これらの最悪な地震に対し，冗長性が高く，ロバスト性をもつ建築物が重要と考えています。

（福本義之）

「**冗**長」という言葉は，「あの人の話は長たらしいねぇ」などという場面で使われることがありますが，ここでいう「冗長」は「余裕がある」という意味です。ただ単に余裕があるというよりも，「少し部分的に壊れたとしても全体が壊れてしまうまではまだ余裕がある」という意味の用いられ方をします。

飛行機は，エンジンが万が一故障したとしても，しばらくは滑空し着陸できる設計になっています。つまり，部分的にエンジンが壊れたとしてもすぐさま全体が機能停止（墜落）しない設計になっており，冗長性のある設計といえます。

建物もたとえば，部分的にある柱が地震で壊れてしまったとしても，その周りの柱や梁に余裕があり，床が崩落しないような設計になっていれば，それは冗長性のある設計であるといえます。

「ロバスト」という言葉は「robust」という英語からきており，「robust」の反意語は「fragile：壊れやすい」で，つまり「壊れにくい」という意味になります。リダンダンシーと同様の意味ですが，こちらは不確実な外乱の影響に対して備えるという意味で用いられることが多く，建築では地震，台風，津波，洪水などがこれにあたります。

たとえば，「想定外の浸水に備え，重要設備機械室は地下ではなく地上階に設ける設計とし，ロバスト性をもたせた」というような用いられ方をします。

（嘉村武浩）

建物を構築するにあたり，どのように冗長性をもたせるのか，建物ごとに特徴も違うため，設計への取り入れ方はさまざまです。

無駄に見えるものが，建物の余力やフェールセーフなど，最終的に建物の耐力に寄与する機能であれば，より良い構造計画につながるものとなります。

たとえば，電柱を二方向から支柱で支えたり，建物崩壊までにヒンジができる箇所数を増やす設計としたり，建物にダンパーや免震部材を入れて制震や免震建物にするなど，次数を増やしたり，ロバスト性を高めることで，安全性を高めることにつながる設計ができればよいと思います。

（炭村晃平）

064

キール

Keel

Ⅴ章
計画

学生の頃，蝶ネクタイがウリのＹ先生から「キールとは，ドイツ語（？）でクジラ（？）の骨を意味します…」と，講義で教わった記憶があるのですけれども，ただ，今になって，ネットで検索してみると，どうも船体の「竜骨構造（英語で keel）」を意味するようで，私の記憶が，残念ながらめちゃくちゃ頼りないものだということが，これでよくわかりました。

確かに，海賊映画に出てきそうな洋船では，船首から船底，船尾へかけて，動物の脊椎に相当する竜のような１本の骨があり，それに直交してリブが配置されています。

で，これを逆さにすると，はい，キール構造による大空間屋根の出来上がり，と簡単にいえばこうなるのでしょうか。

スタジアムなどの大空間の屋根では，その長手方向に主桁のキールを設けることで，直交屋根材を小さくでき，それが勾配を有するものであれば，屋根鉛直荷重の屋根材下部における水平分力（スラスト）をかなり抑制することができます。

このキールをアーチ形式とすればキールアーチ，キールをトラス構造とすればキールトラスなどとも呼びます。

博物館の天井に展示しているでかいクジラの骨格標本（脊椎＋あばら骨）も，神様が創り出された立派なキール構造に，やっぱり私には見えたりします。

（楠本　隆）

【建築構造用語事典Ⅱ】 正誤表

2019年7月18日

本書において誤記および脱落がありましたので、前正してお詫び申し上げます。

	誤	正
148頁7行目	keil	keel

執筆者紹介追記　中川幸洋（なかがわ　ゆきひろ）
　　　　　　　　㈱福井建築設計事務所

キールとは，「船体の中心線に沿って船底を船首から船尾まで貫通する部材。船体縦強度を分担し，人体の背骨に相当する。」（ブリタニカ国際大百科事典）と解説されています。

建築の分野においては，大空間を作るための構造形式の梁，またはその工法をいいます。

1本の主梁（キール梁）を通し，その梁からあばら骨のように小梁を配置した形状が船底の構造のようであることから，このように呼ばれています。

他の工法に比べ，1部材に力を集約することから，キール梁は大断面となります。トラス構造になる場合には，キールトラス，アーチ形状になる場合にはキールアーチ，と呼ばれています。体育館やスタジアムの屋根などに多く採用され，デザイン性と機能性を活かした建築が魅力的です。

最近では，旧案の新国立競技場で話題となりましたが，コストや工期の面で実現に至りませんでした。

設計においては，キール梁を受ける箇所に多大なスラスト（外側に向かって押す力）が発生するため，この設計を合理的に処理することがポイントになります。また，施工上の仮設計画も重要なポイントとなります。

（松本利彦）

もともとキールとは竜骨と呼ばれ，船舶を構成する構造材の一つで，船底に設けられた船体を支える芯となる部材のことをいいます。

船首から船尾まで全長にわたって通されていて，動物にたとえるなら背骨にあたります。

この船底をひっくり返したようなもので，長手方向にアーチを架けて，これに寄り添うように屋根を乗せたものが，スタジアムの屋根などで多用されているキールアーチです。フィールドを挟んで，2本のアーチをかける形式がよく見受けられます。駅舎などの大空間屋根にも採用されています。

さらには，長手方向に架ける主フレームを，トラス構造とした形式をキールトラスといいます。

梁間方向は補助的な架構となるため，部材を細くして軽快な屋根面を構築することを狙っています。スタジアム屋根はもちろん，その他にもエントランスホールの大空間などにも用いられます。

（山田能功）

065

テンション リング

Tension Ring

V章
計画

　ズボンのベルトをギューギューに締め上げると，曲げ剛性のないベルトには張力が生じ，それに接する腹周りからの外向き外力とうまくバランスして，最近少々出っ張ってきた腹周りの膨らみも，このベルトの張力のおかげで，なんとなくへこんだような気になります。

　ところで，大きなドーム状の屋根外周部などでは，屋根自重により全水平方向に外側へ広がろうとする力（水平スラスト）が作用します。

　これを合理的に処理するには，先ほどの腹周りのベルト同様，引張に強い部材を屋根外周にぐるっと1本設けてやれば，そんなに無理することなく，うまくいきそうです。

　このように，全水平方向（必ずしも水平方向とは限りませんけれども）に外側に広がろうとする力を，それにより生じる自身の引張力でバランスさせるリング状の部材を，テンションリングと呼んでいます（これら一連の力の向きが，すべて逆の場合には，コンプレッションリングと呼びます。）。

　テンションリングに引張応力のみを生じさせることができれば，無理のない理想形といえますけれども，実際のドーム状の屋根平面形状にはいろいろなパターンがあり，また，テンションリング自身も剛性を有しているため，その内部には少なからず付加応力（曲げ，せん断応力）が生じることもあります。

（楠本　隆）

150

野球スタジアムなどの大空間建築では，円形のドーム形状の屋根構造がよく用いられます。

屋根の荷重は，ドーム面を構成するトラス部材などから，外周境界のリング形状の部材に伝わりますが，このとき外周のリング部材には一様な引張力が作用し，屋根の荷重と力が釣り合う状態となります。このように，引張力が作用した外周境界のリング部材を「テンションリング」と呼んでいます。

これに対して，サッカースタジアムや陸上競技場など，中央の競技を行う部分には屋根がなく，その外側のスタンド部分には屋根を架けることがあります。

この場合は，内周の境界と外周の境界にそれぞれリング形状の部材を配置し，その間に部材を配置して屋根をつくります。このような場合は形状にもよりますが，内側のリング状の部材は引張力が作用するテンションリングになり，外側のリング状の部材は圧縮力が作用するコンプレッションリングとなることもあります。

（塚越治夫）

テンションリングは大空間建築物の屋根架構において，中心部に配置し，屋根を構成するケーブル材などからのスラスト力を釣り合わせることに用いられたりします。

また，テンションリングにプレストレス力を導入することにより，部材断面の制御・変動する外力に対する冗長性をもたせることもできます。

施工手順，プレストレス力の導入方法に注意しなければ，設計において考えている建物完成時の応力釣合い状態にならず，思わぬ事態になる危険性があるため，建設時の施工時解析も必要に応じて実施し，監理することが大事です。

（米山隆也）

066 クライテリア

Criterion

V章 計画

構造設計におけるクライテリアは，主に建物の安全性に対する判断基準を意味します。

構造設計を行うにあたり，建築基準法で定められた安全性に対する判断基準がありますが，これはあくまでも最低限守らなければならないとされているだけで，これを満足すればすべての建物が，どんな状況に対しても安全であるというものではありません。

そこで重要になってくるのが，クライテリアの考え方です。建物の規模や用途，建築主の要望などにより，建物に求められる性能が違ってくることに対し，それぞれの目的に応じたクライテリアの設定が求められます。

たとえば，公共施設など震災時に避難場所としても利用されることが想定されるような建物については，より高いレベルの安全性が求められます。そのような建物に対しては，震災時などに他の建物が損傷して使えなくなるようなことがあっても，避難場所として利用できるように建物が安全に問題なく継続して使えるようなクライテリアを設定する，といったことが考えられます。

もちろん，明確に要求されるような条件でなくても，状況に応じたさまざまな判断のもと，適切なクライテリアを設定することが，設計者に求められる重要な役割の一つです。

（松﨑 聡）

構造設計における「さまざまな外力によって構造全体および各部材に生じる力と変形を把握し，必要な剛性・強度・靱性などを確保する」という手順の中で，"必要な剛性・強度・靱性などを確保するための判断基準"という意味で用いられます。

建築基準法上の用語ではありませんが，超高層建物などの構造審査の具体的な方法を示す文書に「評価判定クライテリア」という項目があり，たとえば"極めて稀に発生する地震動によって建築物が倒壊・崩壊しないこと"を確かめる方法として，"各階の応答層間変形角が100分の1を超えないこと"，"各階の層としての応答塑性率が2.0を超えないこと"などを確認すべきことが示されています。

内陸直下地震のように，発生頻度は低いものの，非常に大きな地震動を設計対象とする場合，クライテリアをどのように設定するかは大変難しい問題となります。

上町断層地震を想定した設計指針[1]では，詳細な検討をすることによって超高層建築物の一般的な耐震性能目標よりも，大きな変形状態を許容する設定がなされています。

（多賀謙蔵）

1）大阪府域内陸直下型地震に対する建築設計用地震動および設計法に関する研究会：大阪府域内陸直下型地震に対する建築設計用地震動および耐震設計指針，2015年2月

建物が保有すべき耐震性能などの性能は，建築基準法によって最低限の規定が設けられています。この規定では，中地震の際に建物に損傷がないこと，大地震時に建物が倒壊しないことを目標としており，建物が保有すべき最低限の耐震性能になります。

しかし，建物の用途によっては，大地震時にも建物が損傷することなく，使用できることが要求されることや，高い耐震性能の建物を希望する建築主もいます。

これらの要求を満たすために，設定する耐震性能を示す目標値を『設計のクライテリア』といいます。

設計の始めに，建築基準法の規定を超える地震や台風の規模を設定します。建物の敷地周辺において，建物が存在する間に何度か遭遇する可能性のある地震の大きさ，遭遇するかもしれない最大級の地震の大きさを決めます。

次に，これらの地震に遭遇したときに，建物に生じる変形や応力の大きさの目標値を設定します。この目標値を満足しないと，建物に損傷が生じたり，倒壊の危険性が高まると判断します。

この目標値を満足するように，使用する材料の強度や部材の大きさを決定していくのが構造設計になります。

（白髪誠一）

067 格子梁

Lattice Beam

V章
計画

建築は唯一無二であり，造形の観点からは自由な形にデザインすることが望ましいと思われます。しかし，都市や街を構成する要素であるため，平面は四角い建物が多く見られます。

その結果，2方向の軸，一般にX軸およびY軸を基本として，柱や梁を配置します。構造計算においても，柱および大梁で構成される架構解析はX方向とY方向に分けて行います。

計画上，2方向の交差部の柱を抜く場合があります。このとき，X方向およびY方向に十文字に交わる大梁が格子梁です。架構解析は，2方向を連成した解析が必要となります。

格子梁は，床を支える小梁にも採用されます。X方向およびY方向のスパンが均等で，大梁で囲まれた形状が正方形の場合，小梁を十文字に配置することによりバランスの良い構造計画となります。スパンがさらに大きい場合は，小梁の数を増やし，2本ずつ井桁に配置することもあります。2本より数本に増やした格子梁はワッフルスラブとも呼ばれ，格子をそのまま見せるデザインも多く見られます。

XY軸から45°回転させた格子梁を，菱目梁と呼びます。菱目梁は，コーナーに近い短スパンの梁の剛性が高く，中央部の梁のスパン軽減されるため，梁の断面が小さくなる効果があります。また，造形としても特徴ある空間が，創出できる可能性があります。

（北條稔郎）

建物では屋根や床の重さ（荷重）を柱で支えていますが、柱と柱の上部をつないでいる部材を大梁（おおばり）と呼びます。例えば、4本の柱で囲まれた正方形の空間は、柱と柱の上部をつなぐ4本の大梁で囲まれることになります。柱と柱の間の距離（スパン）が小さい時は、直接、大梁と大梁の間に床（スラブ）を架け渡し、床の重さを支えますが、スパンが4m程度以上になると、大梁と大梁の間に部材（小梁）を架け渡し、大梁と小梁の間、もしくは、小梁と小梁の間に床（スラブ）を架け渡すことが一般的です。

　通常、4本の柱で囲まれた空間では、小梁は同じ方向に架け渡すことが多いのですが、スパンが十数m程度になってくると、小梁の大きさ（せい）もスパンに併せて大きくなります。その場合、小梁の大きさ（せい）があまり大きくならい工夫の一つとして、直交する両方向に小梁を格子状に架け渡し、両方向で床の重さを負担する手法があります。このように、床の重さを支えるために格子状に架け渡された梁のことを「格子梁」と呼びます。

　この格子梁は、特に正方形に近い大空間で、利用されることが多い梁の架構形式（架け方）で、鉄骨造、RC造、木造など、どの構造種別でも可能です。特に、RC造、木造では、格子梁の構造体をそのまま仕上げとして見せるケースも多く見られます。

（島野幸弘）

大規模空間の床を支える梁として、よく用いられます。障子の桟のように梁を格子状に交差配置させて、床スラブを支持する梁を「格子梁」と呼びます。格子梁を用いることで部材数は増加しますが、X方向、Y方向に均等に力を分散させることにより、梁せいを小さく、かつ階高を低く抑えることができます。通常の建築物は、床スラブを柱と梁で支持し、XY方向それぞれの方向ごとに、大梁を配して床荷重を支える仕組みをとっています。

　また、床スラブ厚さを薄くするために、大梁間に小梁を設けます。このように、方向別に構造部材を使い分けることで、一般的に設計施工ともに容易になっています。

　しかし、大スパン構造物になると、梁せいが大きくなり、横方向に対する梁の安定性に問題が出て、横からの力に抵抗する横補剛材が必要となります。そのために、小梁を一つの方向に数本配置し、かつ大梁と同程度の小梁せいが必要となります。

　また、大梁に生じる応力にも方向性が生じて、必要な天井高を確保するための階高に、梁せいが大きく影響を与えます。そこで、部材数が増え、設計施工に手間が生じますが、平面的に梁材を格子状に組んで二つの方向に均等に配置する格子梁を採用することで、構造上合理的でかつ意匠上経済的な豊かな空間を実現することができます。

（越野栄悦）

068

ハットトラス・ベルトトラス

**Hat Truss/
Belt Truss**

V章

計画

超高層建物はその高さが高いため，地震力や風荷重などの水平力によって建物に作用する曲げモーメントが大きく，それに伴い建物の曲げ変形も大きくなります。

　その曲げ変形を抑えるために，超高層建物では大きなせいのトラス材で構成されるメガトラス架構を設けることが多いですが，ハットトラス，ベルトトラスはこのメガトラス架構を構成する水平トラスのことで，建物の頂部に設けた水平トラスをハットトラス，建物の中間階に設けた水平トラスをベルトトラスと呼んでいます。

　通常この水平トラスは，設備機械室などにブレースを配置しても用途上問題ない階を利用して，上下階の大梁をトラスの弦材，柱をトラスの束材，連続して配置したブレースをトラスの斜材とみなして構成されます。

　また，超高層建物では下部が事務所，上部がホテルや住宅など，複数の用途を供する複合施設の場合が多く，用途の切替え階で柱スパンを変えたい場合もありますが，ベルトトラスがあればその上下で柱スパンを切り替えることも可能です。

（藤井彰人）

超高層建物では，柱と梁だけで構成されるラーメン構造にすると，地震や台風によって水平方向の変形が大きくなってしまいます。そこで，建物内のエレベータや階段が配置されるコアの周囲にブレースを追加して，変形が大きくならないようにします。

しかし，高さが 100 m を超えるような超高層建物では，建物全体の曲げ変形によって建物が細い棒のようにしなってしまいます。この変形はブレースの両側に取付く柱の伸び縮みによって生じるため，ブレースを，太くしても効果が少なくなります。

そこで，コアと建物の外周の柱を大きなトラス部材でつなぐことによって，建物全体がしなる曲げ変形を抑えることができます。この大きなトラス部材を，建物の最上部に設けるとハットトラスと呼ばれ，建物の中間階に設けるとベルトトラスト呼ばれます。

ハットトラスやベルトトラスは，その部材の高さが建物 1 層分の高さになる非常に大きなトラス部材です。そのため，ハットトラスが設置される最上階は設備置場，ベルトトラスが配置される中間階は設備階となるため，内部からは見ることはできません。

建物の外観には，ハットトラスとベルトトラスが建物の表情として見ることができます。

（白髪誠一）

細長い棒を地面に突き刺し，その頂部を横方向に引っ張ると，棒が曲がって，その先端が横向きに移動します。超高層建物も同じです。横向きの地震や風の力に抵抗するために，超高層建物ではブレースや耐震壁などの耐震要素をよく建物中央付近に設置しますが，その耐震要素に横向きに力が加わると，細長い棒と同様に，大きく曲がります。この変形を曲げ変形と呼びます。

この超高層建物の曲げ変形を小さく抑える一手法として，建物の中間もしくは頂部に複層階にわたる剛強な層を，建物全幅に渡って設置する方法があります。超高層建物が鉄骨造の場合，この剛強な層は，柱梁の架構内に斜め部材であるブレースを組み込んで，トラス形式で構築されることが一般的です。このように，超高層建物のような曲げ変形が生じやすい建物において，その変形を小さくするために，中間階にトラス形式で組み込まれた架構を「ベルトトラス」，頂部にトラス形式で組み込まれた架構を「ハットトラス」と呼びます。

なお，横向きの力が加わった際，このトラス架構の両側の柱には，大きな引張力と圧縮力がそれぞれ働きます。そのため，ベルトトラスおよびハットトラスの曲げ変形を小さくする効果を大きくするためには，両側の柱の断面積を大きくするなど，柱の鉛直方向の変形をできるだけ小さくする工夫が必要です。

（島野幸弘）

069

フィーレンディール

Vierendeel Girder

V章
計画

上下の水平材と束材を剛接合して構成される四角形要素からできており、はしごを横に倒したような形状をしています。

たとえば、下の階に柱を設けたくない、大空間にしたい、といったことはよくあります。梁を単一材とすると断面がとても大きくなって、いろいろと支障がでてきます。それを解決する手段の一つとして、トラスがあります。トラスは上下水平材と束材や斜材で構成され、三角形要素からできています。これにより、曲げやせん断力を、軸力に置き換えることができるためとても効率的です。しかし、トラスは斜材が入るため、計画上配置できないことがあります。

フィーレンディールであれば斜材が入らないので、トラスよりも効率は悪いですが、そのような場合に有効な手段の一つとなります。

フィーレンディールは四角形で構成され、部材同士が剛接合されることにより、束材には曲げが生じます。その曲げが、上下水平材に生じる曲げを減じる効果をもたらします。束材の曲げが大きくなればその効果も大きくなるため、束材の剛性を大きく、間隔を小さくするほど、効果があります。

単純梁でみると、中央部はせん断力が少なく端部が大きいため、より効率化を図るため、端部に斜材を設けたトラスとフィーレンディールの中間的な構成もあります。

(田中政寛)

フィーレンディールとは，剛接合された四角いフレームによって，外力に抵抗しようする架構形式であり，水平方向に四角いフレームを連続させることで，梁架構として用いられることが多いのではないでしょうか。

ピン接合とした三角形のフレームで構成されるトラスとは違い，剛接合された骨組みであることから，各部材には曲げ応力が生じることになり，断面サイズはトラスに比べて大きくなりがちです。

斜材がないという面では，トラスよりも開口や設備的に納まりがよいですが，部材断面が大きいため，全体的な見た目の軽快さはなく，重厚なものになりやすいといえます。もちろん，トラスと比べてどちらかが優れているというものではないので，目的や用途に応じて選択できる答えの一つとして知っておくと役に立つ架構形式です。

用語は，考案したベルギー人の名（Arthur Vierendeel）から付けられたものであるため，言葉だけを聞いても，架構はイメージしにくいかもしれません。

（松﨑 聡）

剛接合による「はしご状架構」のことで，床を支える梁として用いるもの，階を構成する柱と大梁で構成するもの，さらには建物全体として構成するものなど，バリエーションはたくさんあります。トラスに必要な斜材を用いないことで，スマートな架構を構成することができます。

架構の剛性を高めるとき，一番単純なのは架構を構成している部材の断面を大きくすることです。たくさんの資源（資材，コスト）を投入すればよいのですが，断面が大きくなると建築空間としての使い勝手が悪くなります。柱が大きくなると部屋が狭くなり，梁が大きくなると天井が低くなります。天井高さを確保すると階高が大きくなるので，建設できる建物の階数が減ったりもします。部材断面を大きくせずに解決するには，①筋かいやブレースなどの斜材を入れる，②耐震間柱を入れて剛接合箇所を増やす＝フィーレンディールを活用，などの方法があります。工学的には，斜材を入れる方が圧倒的に有効です。ただし，斜材を入れると通路や窓の位置（使い勝手）が制限され，意匠デザインにも影響を及ぼします。フィーレンディールなら，それらの問題は解決できます。高層のオフィスビルでは，意匠に影響のない中央コアに耐震壁やブレースを仕込んでおき，外周部には細かいピッチで柱を建てたフィーレンディール架構を併用することで，デザインに配慮しながら，必要な剛性と強度を確保しています。

（松原由典）

070

連結制震
（制振）

Coupled Vibration
Control

V章

計画

連結制振とは，固有周期の異なる複数の隣接構造物を，バネやダンパーなどを介して連結することにより，地震時や風荷重作用時の建物振動を低減させようとする制振構法の一種です。

制振構法は，振動することによって生じる変形や速度の差を利用して，ダンパーなどを働かせることで建物の応答を制御するもので，層間変形を利用するブレース型ダンパーのように，ダンパーなどの反力を建物内部で処理するのが一般的です。

これに対して連結制振では，双方の建物が相互に相手からの反力を受け止めることで，大きな制振効果を得ようとするものといえます。

したがって，振動特性が同等の建物同士では同じような揺れ方をするため，連結制振の効果は得られず，振動特性ができるだけ異なる建物同士を連結することで，制振効果が得られることになります。

また，双方の建物の振動を低減させることが理想ですが，双方の振動特性の違いや入力地震動の性質などによっては，必ずしもそのようにはならない（一方の応答が増加する）場合があることに，注意する必要があります。

（多賀謙蔵）

固有周期の異なる複数の建物をつなぎ合わせて，お互いの揺れを抑制し合うようにしたもの。とくに地震に対する揺れに特化したものを「連結制震」，風揺れなどを含めてその機構を利用したものを「連結制振」といいます。

連結部に制振ダンパーを用いて地震エネルギーを効率よく消化すれば，建物の揺れは小さく，早く収まり，建物の耐震性能が向上するだけでなく，お互いの衝突や接続部の落下などを防ぐこともできます。実際の建物での事例では，複数の建物を空中連絡ブリッジで連結した門形の連結建物や，立体駐車場と建物を連結した事例などがあります。

同じ仕組みの事例として，自動車があります。自動車が高速で走行するとき，車の乗員は地面の凹凸により，激しく上下に揺らされることになります。にもかかわらず皆さんが心地良く自動車に乗っていられるのは，タイヤと車体の間にサスペンションと呼ばれる「バネとダンパー」が介在しているからです。柔らかいバネにより支えられた車体の固有周期は長くなり，ゆっくりと揺れようとします。タイヤは地面の凹凸により，ガタガタと早く動いているので，二つの揺れにずれが発生します。このずれでダンパーが動いて，エネルギーを吸収しているのです。自転車には，バネやダンパーが付いていませんが，デコボコ道ではサドルからおしりを浮かせて，膝で衝撃を吸収していませんか。他にも，同じ仕組みがきっと見つかると思います。

（松原由典）

制振構造（既刊用語事典 112 頁参照）の，層間変形（既刊用語事典 122 頁参照）を小さくできるという利点を応用し，固有周期（既刊用語事典 78 頁参照）の異なる「隣接棟間の変形」差によって生じるエネルギーをダンパー（既刊用語事典 154 頁参照）で吸収し，揺れを制御するのが連結制振構法です。

新築・増改築・構造種別を問わず採用することが可能ですが，事例はあまり多くありません。

事例が多くないのは理由がいくつかあり，固有周期が同等の建物には適用できない（共振し合うため），建物に偏心を生じさせる可能性がある，特定の層のみを連結することが一般的であるため，連結していない層では応答が増大する可能性もある，連結する箇所を集中させているため，装置が大きくなる，などです。

一方，以下は採用された一例です。

①超高層建物で，ツインビルにより発生する風の渦によって，大きな変形を生じるような場合に採用されている。また，棟間隔が狭い場合でも衝突は回避できる。

②耐震補強の一環で，剛構造の建物（短周期）と柔構造の建物（長周期）を連結させることにより，柔構造側の変形を制御できる。建物を使用しながらの施工も可能です。

このように採用に際しては，さまざまな条件をクリアさせる必要があります。

（安江 稔）

建築構造用語事典 II　161

071

折板構造

Folded Pate Structure

Ⅴ章

計画

折板構造とは，平板を屏風状に折り曲げたり，波型に加工した構造体を示します。曲げ剛性は板厚の三乗に比例して強くなるため，平板に対して折板構造は断面効率が非常に良好です。

わかりやすい身近なところではダンボール。切り口を見てもらうと，厚紙を波状に折り曲げた構造になっており，波目と直交方向に曲げようとすると，結構力が要ります。これを応用した構造が折板構造で，建築では主に面外方向に力がかかる部材である屋根・壁材などの二次部材に用いられています。

鉄骨造の床などに多く用いられるデッキコンクリート合成床板（コンクリート床板に凹凸を設け断面性能を稼ぎ，型枠代わりのデッキプレートを構造材とすることによって剛性・強度を向上させる床板）なども一例です。

ただし，波目方向には強度・剛性は向上しないことに留意し，一方向板として使用できるよう支持方法に配慮が必要です。

（安江　稔）

平らな板を折り紙のように組み合わせて構成する構造体を，折板構造といいます。

平らな板では面外剛性が小さい（簡単に曲げられる）ため，剛性を高めるために板を屏風のように折り曲げて構成します。面外剛性が大きいため，屋根や壁などに用いる時に，梁や柱がなくても大きな面材を構成することができるため，劇場や体育館の大空間建築の屋根に用いられることが多いといえます。折板構造は，面材（板）で構成するトラスといえると思います。

折板というと，ルーフデッキなどの折板屋根も折板構造の一種といえます。鉄板を折り曲げて，簡単に曲がらないようにして，屋根スパンを大きくしています。

折板構造で用いられる材料には，コンクリート，鉄板，木材などがありますが，折れ曲がり部分の接合方法をどのようにするかで，性能，見映えが変わってしまうため，構造設計者の腕の見せ所だと思います。

（松本忠史）

板は面外からの力に対しては弱く，面内の力に対しては強いという特性があります。

これは，例えば空手の瓦割りにたとえると，通常の瓦割りであれば，小さな子供でも一枚程度なら比較的簡単に割ることができますが，瓦は面外の力には弱い特性があるためです。一方，瓦を立てて瓦の小口に力を加えて割ろうとすると，たとえ空手の上段者であっても容易ではないですが，これは耐力が大きい瓦の面内の方向に力を加えて割ろうとしているためです。

折板構造は，この板が面内の力に対して強いことを利用して，板を立体的に組み合わせて，板の面内の力で荷重を伝達するように空間を構成した構造物を指しています。

金属屋根の折板や，床のデッキプレートは，薄い金属板を折り曲げて面内の力で荷重を伝達する構造で，荷重の伝達方向が一方向である最も単純な折板構造です。

板の組み合わせ方を変えることにより，いろんな角度からの荷重に対しても，有効に抵抗できる折板構造とすることも可能です。

（藤井彰人）

072 スリーヒンジ

Three-Hibged Structure

図1のように2個の曲りはりAH，HBを，ヒンジHで連結し，AおよびBをヒンジ支点とした構造物を3ヒンジアーチといいます。3ヒンジアーチはAH，HB二つの構面よりなり，未知反力は支点AおよびB各々2個で小計4個，ヒンジHの反力2個で総計6個です。これに対して釣合い条件式は一つの構面について3個であり，二つの構面に対して6個です。したがって，未知反力の数と釣合い条件式の数は一致するので，3ヒンジアーチは静定構造物です。

図2のように曲がり材の代わりに，多角形を用いたものを3ヒンジラーメンといいます。

この構造形式は建築ではあまり見かけませんが，足元の岩盤が多少動いても構造部材には応力が生じません。また，温度変化によっても部材には曲げモーメントが発生しないことから，環境変化の過酷な土木橋梁では採用されています。ヒンジの変位に伴う雨仕舞の有無が，その違いの大きな原因と思われます。

図3のような支点Bをローラーとし，A，B間をタイで連結した構造の力学的作用は3ヒンジアーチとまったく同じ原理となります。免震構造など大変形を伴う動く建築の実績が増えてきたので，今後建築においても採用の可能性が増えてくるものと思われます。

（近藤一雄）

V章
計画

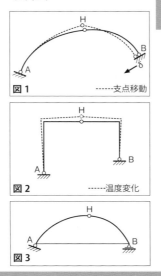

図1　------支点移動

図2　------温度変化

図3

二つの部材で構成され，各部材の支点がピン支持となっており，二つの部材をつなぐ節点が自由に回転できるヒンジとなっている構造を，スリーヒンジ構造といいます。

構成する部材は，ラーメンやアーチ，トラスなど，直線や折れ材，曲線でもよいのですが，二つの支点とヒンジが一直線上に並ぶと，変形が大きく成り立たないので，これは除きます。

スリーヒンジ構造の特徴は，釣合い式だけで反力や応力が定められる静定構造で，扱いやすいという点です。

学校の体育館など，中間に柱を設けずに，比較的大きな空間を構成する一つの構造形式として使用されます。

（田中政寛）

ヒンジとは，部材が自由に回転することのできる接合部です。このヒンジが，一つのフレームに三つ存在するのがスリーヒンジ構造です。門形のフレームは柱の脚部や柱と梁の接合部を剛接合とするほうが，柱や梁の部材を細くすることができます。しかし，鉄骨造の建物の場合は接合部を剛強にするために，複雑な溶接を行ったり，多くのボルトを必要とします。

ヒンジはピン接合とも呼ばれ，剛接合に比べて簡便な接合部とすることができます。接合部を簡便なピン接合とすることで，建設現場での接合部の施工を簡単にすることができ，工事を早く進めることができます。ただし，剛接合で構成されたフレームと同程度の性能を確保するためには，柱や梁に太い部材が必要となります。このため，スリーヒンジ構造は部材の太さが空間の広さに影響しにくい大空間の建築に用いると，効果が出やすくなります。

また，部材を細くすることが求められることの多い建築よりも，部材が太いことが許容される土木構造物に採用される事例が多く見られます。とくに土木構造物では，振動に伴う疲労破壊を避ける目的でも，接合部がピン接合であるスリーヒンジ構造が効果的です。

（白髪誠一）

建築構造用語事典 Ⅱ　　165

073

コンピューテーショナル デザイン

Computational Design

V章

計画

広義にはコンピュータを利用した設計手法のこと，狭義にはコンピュータならではの（人間には思いもよらない）設計のことをいいます。

コンピュータを利用した設計としては，CADによる製図や構造計算，日影図作成や音響シミュレーションなどがすでに実施されています。これらはいずれも便利ツールとして，コンピュータを利用するものでした。次に，コンピュータを建築デザインに活用しようという動きが起きました。たとえば造形に。二次元の図面では表現しきれない形状でも三次元CADならば，さまざまな方向から，自由な断面を切って検証することができます。巨匠の一筆ではなく，コンピュータが描いた何種類もの造形がディスプレイ上に現れ，比較検証ができるようになりました。さらには，最適解としての建築への動きが始まっています。「免震建物に入れるダンパーの台数は何台が最適か」という問題であれば，0, 1, 2…と順にケーススタディを行い，地震応答解析結果と必要コストとを対比させることで，コストパフォーマンスの最大化が可能です。このような繰り返し作業は，コンピュータの最も得意とする分野です。その他，「年間の空調エネルギーを最小にする窓配置」や「風振動を起こさない建物形状」など，条件と結果の評価指標を与えれば，コンピュータに設計をさせることができますが，先入観をもたない機械が導き出す結果は，時として人間の予期し得ないものとなることもあります。

（松原由典）

コンピュテーショナルデザインとは、文字どおりでいうとコンピュータを用いたデザインということになります。これまでも構造解析やCADでコンピュータは建築にとってなくてはならないものでしたが、ここではコンピュータを利用して設計するだけではなく、デザインそのものをコンピュータが主体となって行う設計行為を指しています。

たとえば、作用する自重に対して最適（曲げモーメントが最小になるなど）な形状を解析によって求める形態解析は古くから行われてきていますし、また設計者があるアルゴリズム（法則・計算手法）と初期形状を設定し、コンピュータで逐次解析して建物の形状を決定していくデザイン手法も実用化されています。

将棋や囲碁では、人間がAI（人工知能）に勝てない時代になってきていますが、今後は設計の分野でもますますAIが取り入れられ、設計者がアルゴリズムを指定しなくても、AIが主体的にデザインする時代が来るかもしれません。

その頃には、コンピュテーショナルデザインは当たり前で、「人によるデザイン」を意味する用語ができているかもしれません。

（藤井彰人）

簡単に一言で説明するとすれば、「コンピュータによる設計」となりますが、設計をすべてコンピュータで行うというよりは、試行錯誤の過程をコンピュータに任せ、その結果をふまえて設計者が取捨選択を行うのが現状のようです。

たとえば、設計条件が決まっていて、あとはその条件に見合う最適もしくは、最善の答えを見つけたい場合のケーススタディを人間が行うと、検討の数に比例して膨大な時間を必要とします。これをコンピュータに任せることで、短時間でより多くのケーススタディを行えるようになることに大きな利点があります。

もちろん、その設計条件を与えて答えを出すためのプログラミングは、人間が作成する必要があります。また、環境などのシミュレーションとの連動も重要な条件となるため、まだまだ、設計者の経験や技術が求められることには違いありません。とくに、構造設計の場合は建物の安全性が関わってくるため、より慎重な判断が必要となります。

近い将来、AI（人工知能）が設計条件まで決定することで、設計者が最終決定のみを行うことになるのかもしれません。そうなると、人間の仕事がどこまで残ることになるのか、これからの技術の進化に注目したいところです。

（松﨑 聡）

074

クリアランス

Clearance

V章
計画

建築分野におけるクリアランスとは「すきま」のことで，主に「衝突防止」と「製作誤差吸収」を対象としてクリアランスを設けています。衝突防止対策として，構造体が別の構造体に当たるまでのクリアランスを設けています。

免震構造における「免震クリアランス」は，基礎側に固定されている擁壁と免震層より上の上部構造とのすきまで，大地震が発生しても上部構造が擁壁に衝突しないように建物ごとにクリアランスを設定しています。

天井材と壁に設ける「天井材クリアランス」は，特定天井と呼ばれる大規模な天井が大地震の際に壁と衝突しないように確保するすきまです。遮音性などに配慮し，地震時に揺れにくい剛天井として設計し，クリアランスを設けない場合もあります。

外装材では，たとえばガラスに対するサッシ枠の「エッジクリアランス」があります。地震時にガラスがサッシ枠に当たって脱落しないように，地震時の構造体の層間変形角からクリアランスを決定します。

製作誤差吸収のため，誤差に対する余裕しろとして鉄骨部材を対象とした「ボルト孔に対するクリアランス」があります。ボルト径とボルト孔が同径の場合，少しでも誤差が生じるとボルトを挿入できなくなります。一方，ボルト孔が大きすぎると，必要なボルト耐力を確保できなくなるため，建築基準法でそのクリアランスの上限が定められています。

（加登美喜子）

建築物には，作用する力に応じた変形が生じます。これらの変形に配慮して，建築の各部位には適切なクリアランスを設ける必要があります。クリアランスが必要な部位としては，エキスパンションジョイント部，免震層，特定天井面と周辺の壁の間，長期たわみが進行する床に設置される間仕切壁頂部などが挙げられます。

エキスパンションジョイント部では，中地震時の変形に対して，建物の衝突を避けなければなりません。相互のクリアランスを，各建物変形の総和以上に設定します。

一方，大地震時の変形に対しては，衝突による外壁の落下などへ配慮のうえクリアランスを決定します。簡便法の場合，当該高さの 1/100 以上に相当するクリアランスを設けますが，建物の特性によってはさらに大きなクリアランスが必要になるため，注意が必要です。

免震クリアランスは，免震構造がその性能を発揮するために重要です。

免震クリアランスには，竣工時に確保されるべき設計クリアランス，地震後の残留変形が残った状態においても確保されるべき最小クリアランス，施工管理上，施工誤差などに配慮して定める施工クリアランスがあります。

さらに，水平に加え，鉛直方向にもクリアランスが必要です。

（鈴木直幹）

クリアランスとは，主に異なる動きをする建築部材間の必要な隙間のことを意味しています。

とくにエキスパンションジョイントのクリアランス，免震建屋におけるピットクリアランスの必要なクリアランス寸法を図面において明確に表記することは，設計で考えている建物の性能を損なわないために重要といえます。

クリアランスは地震の規模に応じて，必要寸法が異なってきます。仕上材，構造躯体においてどの程度の地震に対してクリアランスを決定しているかを明確にし，建築主に説明をしておく必要があるでしょう。

免震建屋において，一般的には免震材料の上部躯体と下部躯体は地震時に干渉しないものとして構造設計を行っているため，干渉しないための最小クリアランスに施工誤差・躯体の経年変化・地震後の免震材料の残留変形を足し合わせ，余裕のあるクリアランス寸法を設定しておく必要があります。免震建屋の定期点検などにおいては最小クリアランス寸法を明確にして，クリアランスの検査をすることが大事です。

（米山隆也）

CLT／LVL
壁倍率
ドリフトピン
燃えしろ設計
耐震シェルター
シヤーコネクタ
プレカット工法

木質系
075〜081

075

CLT／LVL

Laminated Veneer Lumber／
Cross Laminated Timber

Ⅵ章
木質系

LVL および CLT は加工木材の一種です。単板やひき板を積層接着し製造するため，天然木の製材では得られない大きな幅や長さをもつ部材を製作することが可能です。

また，節などがない安定した性能の材料を製作することが可能です。したがって，大規模な木造建築物への利用が見込まれます。

LVL は Laminated Veneer Lumber の略で，単板積層材と呼ばれています。単板（ベニア）の繊維方向を，平行積層接着した軸材料です。主に，柱や梁に利用される材料です。

CLT は Cross Laminated Timber の略で，直交集成板と呼ばれています。ひき板（ラミナ）の繊維方向を，直交積層接着した面材料です。主に，壁や床材などに利用されます。繊維方向を直交することで，方向性が少ない安定した強度が得られます。厚さ 12〜50 mm のひき板を縦・横につないで重ねていくので，非常に厚く，大きな面積のものが製作できるという特徴があります。CLT 材は 90〜210 mm 程度の厚みが一般的で，断熱性に優れ，大判のパネルとして利用することで，高い耐震性を確保することができます。

CLT は欧州で開発された加工技術ですが，日本では 2016 年 4 月に CLT 関連の建築基準法告示が公布・施行され，許容応力度が設定されたため利用の拡大が期待されます。

（田村浩史）

CLTとはCross Laminated Timberの略称で，ひき板（ラミナ）を並べた後，繊維方向が直交するように積層接着した木質系材料です。厚みのある大きな板として，建築の構造材の他，土木用材などにも使用されています。

カナダやアメリカ，オーストラリアでもCLTを使った高層建築が建てられるなど，CLTの利用は近年になり各国で急速な伸びをみせており，とくに木材特有の断熱性と壁式構造の特性を活かし，木目を活かした環境にやさしい材料として，戸建て住宅の他，中層建築物の共同住宅，高齢者福祉施設の居住部分，ホテルの客室などに用いられています。

LVLとはロータリーレースやスライサーなどの切削機械で切削された単板の繊維方向（木理）を，すべて平行にして積層，接着してつくられる木材加工製品です。

LVLの特徴としては，①自由な大きさの製品がつくれること，②製造段階で欠点が除去，分散されること，③単板が乾燥されるので，割れや狂いなどの発生が少ないこと，④湾曲材など形状の自由度が高いなど，集成材と同じ長所をもちます。

さらに，製造工程の自動化が可能で，生産性が高いことも長所の一つです。欠点としては，釘打ちなどによる割れが発生した場合の強度の低下があります。

（上田尚延）

LVLもCLTも工場において，面材の形で加工製造される木質材料です。日本農林規格（JAS）では，LVLは単板積層材，CLTは直交集成板と呼ばれています。

LVLは，丸太をカツラ剥きにして得られる厚さ約3mmの薄板（単板）を乾燥させ，繊維方向をそろえて複数枚接着して製造される，合板に類似した面材です。日本では構造用LVLは，幅（繊維直交方向）1,200mmでつくられることが多く，長さ（繊維方向）は工場のスペースが許す範囲で，いくらでも長く作ることができるそうです。繊維に平行に切断し，主に梁材（曲げ材）として使われています。

CLTは厚さ30mm程度の引板（ラミナ）を平行に並べ，その上に繊維が直交するように同様にラミナを並べ接着した材料です。これを繰り返して厚手の面材を製造します。5層積層すると5プライといい，通常奇数プライで製造することから，裏と表の繊維方向が同じ向きとなります。2013年にJAS化された比較的新しい材料で，構造用として作られています。CLTで壁柱と床を構成するCLT構造が2015年に告示化されています。この場合，CLTは面内せん断，面内曲げ，面外曲げ，面内軸力のひとつ，または複数の応力を受ける材料として用いられます。日本ではスギを消費する目的でJAS化された背景があり，最初にスギ，2019年にはベイマツなど複数樹種のCLTの許容応力度が告示で設定されました。

（須賀順子）

076

壁倍率

Wall Magnification

Ⅵ章

木質系

木造住宅の壁には，土壁や構造用合板，石膏ボード，筋かいといったさまざまな種類があり，それぞれ剛さや力を受けた時の変形性能が異なります。種々の壁のもつ耐震性能を一つの基準に従い，評価したのが壁倍率です。

基本的な考え方としては，対象となる壁の繰返し加力試験により得られた耐力が，1 m 当たり 1.96kN（約 200 kg）の横からの力の何倍に相当するかを 0.5〜5.0 の範囲で算出し，その値を各壁種ごとに建築基準法で定めています。

建物に存する壁倍率×壁の長さを集計することで，容易に建物の耐震性を評価することができ，住宅規模の建築においては最低限の耐震性を担保するという点では有効ですが，壁倍率はあくまで動的な地震力を静的な力に置き換えて壁の耐力を評価しているに過ぎず，建物の動的な性状や，大変形領域を十分に反映することには限界があります。

（福井喜一）

「壁倍率」

「壁倍率」の「壁」は木造建築の「耐力壁」，つまり「筋かい」などの地震と風圧に対抗する壁のことをいいます。

「倍率」とは，強さを表す値で，壁倍率が大きいほど強い壁ということになり，「壁倍率×壁長さ＝壁量」になります。

たとえば，壁倍率2.5×壁長さ91cm＝227.5cmの壁量になります。

建築基準法では，木造建築にはこの壁量が建物規模に応じて，一定以上必要と規定されています。

壁倍率は「何倍」というように無名数で表されていますが，「強さ」である以上，一定の「単位」がないと不自然ですね。「壁倍率」は，もともと「壁強さ」を表す値を，壁量を計算しやすくするために決められた値です。

建物の壁の耐力は，kgやtの重さ（力）で表されます。壁の耐力が5tとは，5tまでの力なら横から押しても壊れない強さということです。横から押すのは，地震とか風圧が横から押すのです。

5tの強さから壁倍率を求めるには，壁の長さが必要です。たとえば，壁の長さが10mでその強さが5tの場合，壁倍率はおおよそ5×10÷10m÷1.96＝2.55倍となります。

通常は逆に，2.55倍の壁が10mあるので，5tの耐力となります。

（波多野隆之）

壁"倍率"というからには，この数値自体は単位を伴っていない無次元数で，軸組それぞれの壁倍率に壁長さを乗じて壁量を計算します。壁倍率という概念は建築基準法制定時からあって，節目で定義に変更が加えられたり，運用・利用のされ方が拡大したりして，今に至っています。

第二次世界大戦後の日本国内の復興，とりわけ大量の住宅再建・供給を目的とした木造住宅の簡易な構工法と，構造チェック方法のセットとして編み出されました。

当初は，変形角1/60の時に1倍＝130kg/mとされていましたが，壁耐力の評価のための試験の見直しや大地震時の性能を鑑みて，平成12（2000）年の建築基準法改正では，変形角1/120の時に1倍＝1.96kN/m（≒200kg/m）に改められました。したがって，現在の壁倍率とは壁長さ1m当たりの変形角のほか，いくつかの条件によって定まるせん断耐力を1.96で除したもので，定義されていることになります。

住宅などの小規模木造建物の設計においては，建築基準法施行令第46条の壁量規定では上限5倍，同82条の許容応力度計算では上限7倍とされているにもかかわらず，それらを超えていても，新工法の広告などでは「壁倍率○倍相当」などと表現され，良くも悪くも木造の世界では深く浸透している評価尺度となっています。

（石田健吾）

077

ドリフトピン

Drift Pin

Ⅵ章
木質系

木材同士や木材と金属プレートを接合する際に用いられる材料で，断面が直径 20 mm 前後の円径の棒状の金属の接合具です。ねじ切りはなく，ボルト頭に相当する部分もない直棒です。材料は，防錆処理をした丸鋼相当の材料またはステンレスが一般的です。複数本の木材を幅方向に並べ，ドリフトピンと同径の孔をあけ，ドリフトピンが孔に密着するように挿入し木材を貫通することで，複数の木材を接合します。または，木材を割り込み，そこに金属プレートを差し込み，木材と金属プレートの両方にドリフトピンを貫通させることで，木材と金属板を接合します。ドリフトピンの長さは，貫通する木材と板材の合計長さとなるように加工することで，接合後の木材とドリフトピンの木口が同面になるため，接合具が目立たない納まりとすることができます。

　いずれも木材と木材の境界部，木材と金属の境界部で，ドリフトピンにせん断力が，木材にはめり込みが生じ，またプレートには支圧が生じることで，応力が伝達します。ボルト接合では，ボルトに引張力が生じますが，ドリフトピンの場合には，引張力が生じない点が違います。通常，1箇所の接合部には複数本のドリフトピンを設置します。集成材，製材のいずれの場合にも用いることができます。一般的に線材の木材に用いられてきましたが，CLT や LVL を接合するときにも使われています。

（須賀順子）

ドリフトピンは，片端ないしは両端にテーパーの付いた鋼棒で，海外では鋼板接合部におけるボルト孔を拡大するための工具として使用されていました。このうち，両端に短いテーパーのあるものが，日本においては木構造の金具を用いた継手や仕口の接合ピンとして，広く用いられるようになっています。

ドリフトピンを用いた接合工法のことは，ドリフトピン工法と呼ばれています。この工法の長所は，施工そのものは容易で，作業者の技量によらない確実な接合が可能となることや，接合部の断面欠損が小さく，剛接合に近い力学性能が得られることなどが挙げられます。

一方，欠点としては，木材に鋼板を埋め込み，木材→ドリフトピン→鋼板→ドリフトピン（またはボルト）→木材という経路で接合部の断面力が伝達されるため，とくに木材に鋼板を埋め込むための切欠きに高い精度が要求されることと，多くの金物やピンを用いるために，施工価格が高くなりがちという点が挙げられます。

接合部のモーメント抵抗が期待できることから，住宅に使用されるような小径の木材でもラーメン架構とすることが可能となり，空間の自由度の拡大を図ることができます。

（辻 奈津子）

ドリフトピンとは鉄製のピンのことをいい，鉄骨造では重ね合わせた鋼材のボルト孔が多少ずれているときに，孔を調整するために使用されています。最近では，木造の柱と梁の接合部に使用されることも多くなってきました。

柱と梁の接合部にドリフトピンを使用して，木造建物を建てる工法をドリフトピン工法といいます。従来からの木造の工法の仕口を加工して，釘や金物で補強する方法では，柱と梁に断面欠損があり，それだけ仕口部の強度が弱くなります。それに比べてドリフトピン工法は，断面欠損が少ないために，接合部を強固にすることができます。

また，接合部を強固にすることで，筋かいや面材などの耐力壁を必要としないラーメン（骨組）構造にすることも可能になります。

一方，木材の加工や建方に高い精度が要求され，また，特殊な構造計算が必要になるために，対応できる工場や職人，建築士が不足しており，今後の育成が課題になっています。

（大﨑 修）

078

燃えしろ設計

Fire Resistance Design

Ⅵ章

木質系

木材に火がつくと，外周に炭化層を作ります。この層によって，木材内部への熱の侵入が抑制されます。この炭化層は断熱材であり，部材表面に均一に層ができると，火の燃え進む速度は，含水率が15％程度では，一般的に0.6〜1.0mm/分位となり，大断面梁材は，板材（1.0 mm/分）に比べて，はるかに遅く（0.6 mm/分）なります。燃えしろ設計は，木材が太いと，ゆっくり燃え，残った断面が構造的に健全であることを評価した設計法です。

つまり，火災時に燃えるであろう断面を，あらかじめ付加しておくことで，木材が木材（被覆）で耐火被覆したと考えることができます。そこで，燃えしろ設計（昭和62年建設省告示第1901号，1902号）では，部材表面から，燃えしろを除いた残存断面を用いて許容応力度計算を行い，燃えしろ部分が焼損しても構造耐力上支障のないことを確かめ，火災時の倒壊防止を確認する防火対策法です。

平成28年国土交通省告示第253号では，燃えしろ設計の対象に壁・床・屋根といった面材も含むこととなり，同時に構造用集成材，構造用単板集成材（LVL），直交集成板の（CLT）の三種の日本農林規格（JAS）に適合する材料が使用可能となりました。

（上田尚延）

木造で，準耐火建築物を設計する際の手法の選択肢の一つです。準耐火建築物は，告示では「イ準耐」と「ロ準耐」に分けられ，「イ準耐」による設計を燃えしろ設計と呼びます。「イ準耐」は，さらに「イ-1：1時間準耐火」と「イ-2：45分準耐火」に分かれます。「○時間準耐火構造」とは，燃え始めから○時間燃えずに残った断面だけで，建物の長期荷重を支持できる構造をいいます。燃えてしまっても，建物の長期荷重を支持できる部分を「燃えしろ」と呼んでいます。○時間以降は燃え続けて，最終的に建物が，崩壊したり，燃え尽きても構いません。

「イ準耐」では，主要構造部を準耐火構造にすることに加え，延焼線のおそれのある部分の開口部に防火設備を設ける必要があります。

参考に，「○時間耐火構造」とは，○時間燃えずに残った断面で建物の長期荷重が支持でき，かつ，燃え止まる必要があり，燃え尽きてはいけない点が違います。

平成12年建設省告示第1358号と1380号で耐火時間と材料により「燃えしろ値」が決められており，たとえば集成材やLVLでは45分準耐火構造は燃えしろ35mm，JAS構造用製材では45mmなど，燃えしろの厚さが決められています。燃えしろ設計では，採用部材断面から燃えしろ値を差し引いた有効断面における長期応力度が，短期許容応力度を超えないことを確認します。

（須賀順子）

新聞やテレビのニュースなどで木造家屋の焼け跡の状況を見ることがあると思いますが，床や壁が焼け落ちても柱や梁などの骨組だけが黒く焦げて残っていることがあります。

これは木材が火災にあった場合，表面から燃えていくため，ある程度の時間内であれば中の木材が耐力を保持したまま残るためです。

この表面の燃える部分を「燃えしろ」と定義し，燃えしろ分が火災で焼け落ちても倒壊しないように設計することを，燃えしろ設計といいます。

燃えしろ設計の場合，燃えしろの厚みだけ断面を大きくする必要がありますが，逆に耐火被覆や仕上げを施す必要がなく，木材の表面を意匠的に見せることができます。

以前は，使用する木材がJAS（日本農林規格）の集成材などに限定されていましたが，平成16年に告示が改正され，含水率15％または20％のJASに適合した製材でも使用が可能となりました。

なお，この燃えしろ設計は準耐火建築物に適用できますが，耐火建築物には適用できないので，注意が必要です。

また，必要な燃えしろは，耐火時間や材料（集成材などか製材）で異なり，25〜60mmの範囲で運用されています。

（北山宏貴）

079

耐震シェルター

Earthquake Resistant Shelter

Ⅵ章
木質系

木造住宅において，耐震補強が困難な場合に，建物が倒壊しても，生存空間が確保できるように建物内に設置するもので，木製や鋼製などさまざまなものが開発されています。

とくに，所有者が複数いる長屋では，建物全体の補強が困難な場合が多いので，この耐震シェルターが有効な耐震補強方法の一つと考えられます。

耐震シェルターには，建物が倒壊したときにシェルターに作用する建物の鉛直荷重および水平荷重によって破壊しないように，鉛直耐力および水平耐力が必要になります。

また，耐震シェルターを設置する場合は，建物の構造体とは切り離して，別の構造物となるようにします。

（横田友行）

自宅にいる時に地震にあったら，速やかに丈夫な机，テーブルなどの下に潜って，家具・什器の転倒・落下などから身の安全を守るのがよいとされています。この場合，机，テーブルがいわばシェルター（避難所）となっているわけですが，高齢者や病人などはすぐに動けません。また，建物そのものが倒壊してしまうと，机，テーブルではシェルターとしての用をなしません。建物自体の耐震性能を確保することが，非常に重要になります。

耐震性能が不足する建物は耐震補強すればよいのですが，いろいろな事情で建物全体の補強が困難な場合があります。このようなときに有効なのが，耐震シェルターの設置により家屋内の特定の箇所のみ安全にするという手法です。

耐震シェルターにはさまざまなタイプがありますが，通常は6帖間程度の室内空間をもつ木造や鉄骨造などの強固な箱で，1階の1〜2室に設置します。

耐震シェルターは大地震時でも倒壊しないだけの耐震性をもたなければなりませんし，建物1階の崩壊により2階部分や屋根がシェルターの上に落下してきた場合の衝撃に耐え，落下物を載せた状態で余震に対して安全である，といった要件も満足する必要があります。

（小倉正恒）

地震が発生したときに，机の下に潜り込んだ経験のある人もいると思います。安全な場所に避難し，身の安全を守ることは自然な行動です。一時的に建物の中で逃げ込める安全な場所を，耐震シェルターといいます。

そもそも建築物はシェルターであるべきです。耐震診断・補強も進んできていますが，未だに現行の耐震基準を満足しない既存不適格建築物が存在することも事実です。建物に対する地震対策は，耐震補強が最も効果的な方法ですが，現行の耐震基準に満たない建物全体を耐震補強しようとしても補強費用が大きくなり，経済的な理由から耐震補強ができない場合や，使い勝手を考えると建物全体が現行の耐震基準を満足する補強を行うことは難しい場合があります。そこで，建物の中の1箇所でも安全な場所があると，地震が起きた時に一時的に逃げ込むことができます。耐震シェルターは地震に対し，頑丈につくられ，命を守る空間です。

たとえば住宅に関していうと，現行の耐震基準を満足しない住宅で耐震補強をしたくてもできない事情がある場合，寝室や居間の一箇所でも家の中に耐震安全性を確保した空間をつくっておくと，いざ地震が発生したときに，人命を守ってくれます。

耐震シェルターとはそのような空間のことをいいます。

（田村浩史）

080

シヤーコネクタ

Shear Connector

VI章
木質系

建物の躯体を構成する鋼材やコンクリートを，お互いに力のやり取りができるように接合する方法はいろいろあります。

曲げモーメント・せん断力・軸力を同時に伝達させる接合には，鋼材同士なら溶接接合やボルト接合，鋼材とコンクリートならアンカーボルト接合がよく採用されます。すでに固まったコンクリートと後から打設するコンクリートを一体化するには，十分な長さの定着長をもつ鉄筋を両方にまたがって設置します。

上記のような接合に対し，おもにせん断力を伝達させる接合を行うには，両者間にずれ止めがあれば足ります。鋼材同士の場合は，溶接接合，ボルト接合となりますが，鋼材とコンクリートの場合は頭付きスタッドを鋼材に溶接し，それをコンクリート中に埋め込むことが行われます。

鉄骨梁とその上のコンクリート床，鉄骨柱の埋込み柱脚と周囲の基礎コンクリートがその例です。コンクリート同士の場合は，耐震補強で既存壁を増厚する際，短い鉄筋を既存部・増厚部の両方にまたがるようあと施工アンカーにより壁面全体に設置する例があります。

このようにずれ止めを目的として，用いられる頭付きスタッドや短い鉄筋のことを，シヤーコネクタといいます。

（小倉正恒）

182

シャーは「せん断」，コネクタは「接合」を意味しますので，シヤーコネクタは文字どおり，せん断力を伝達するための接合材ということになります。建築物では，構造種別によってさまざまなシヤーコネクタがあります。

鉄筋コンクリート造の場合，たとえば既存建物の耐震補強を行う場合，新しく設置する耐震壁を既存の柱梁と結びつけるときに使います。この場合，接着系アンカーが一般的に用いられます。

鉄骨造の場合，たとえば鉄骨梁とコンクリート床の接合部に使います。この場合はスタッドボルトを鉄骨梁の天端に打ち込んで，コンクリート床と一体化を図ることが多いです。

木造の場合，たとえば柱や梁断面で二つの材を一体化する場合に使います。この場合は，ドリフトピンやボルトなどで接合します。

このように，二つの構造体を接合・一体化するときにシヤーコネクタを使います。シヤーコネクタはその材料や径によって，必要なへりあきや間隔が定められており，耐力上必要なシヤーコネクタの本数から部材断面が決まることもあります。応力を伝達する役目を担っており，構造的に非常に重要な要素といえます。

（北山宏貴）

シヤーコネクタとは，鉄骨梁とコンクリート床版，木材と木材など材料の種類にかかわらず，二つの部材を接合して一体化するのに使う接合部品や金具のことを指します。二つの部材を一体的に使用する場合に発生するせん断力に抵抗し，力を伝達させるために使用します。

使用例としては，次のようなものがあります。

①鉄骨梁とコンクリート床版

鉄骨梁上に打つ頭付きスタッドボルトなど。鉄骨梁とコンクリート床版との合成梁として曲げ剛性を向上させます。

②耐震壁の増打コンクリート壁

既設壁に打ち込む接合鉄筋または金物など。コンクリートにはあと施工アンカーで打ち込み，既存躯体からの地震力を増打壁に伝達させます。

③木材と木材

ほぞやだぼなど。ほぞは篏合，だぼはお互いの穴を埋めて接合することで力を伝達します。

④PCa カーテンウォール

PCa コンクリートと仕上げの石の間に使い，コンクリートとの一体化を図ります。

（竹内信一郎）

081

プレカット工法

Precut System

VI章
木質系

木造住宅の建築現場では，近年の人件費の高騰をきっかけとして，各工程・各職種において人が携わらなければならない工程をできるだけ短縮するため，部材をあらかじめ（プレ）工場で加工（カット）して現場に搬入し，現場での工期短縮を図ることによる原価低減が大きな命題として掲げられてきました。

加工機の精度向上とCADやCAMを利用した数値制御技術の発展で，別々の部材を組み合わせた場合にも，複雑な仕口や継手の納まりでもぴったりと合わせることができるようになりました。この特徴は，梁受け金物，ほぞパイプ，ドリフトピンなどからなる金物工法と，非常に親和性が高く，相互に影響を及ぼしあいながら進歩してきたといえます。

反面，大工がもつ墨付けや刻みといった本来の技能や多能工的な役割は必要とされず，もっぱら建築現場においては部材の組立工としてしか仕事の場が与えられなくなり，大工に対する需要が変化してきた結果，大工の技能低下が懸念されています。

このことは，鑿，鉋，鋸といった古来の大工道具の生産・流通だけでなく，丸のこをはじめとした電動工具の業界にも波及しています。

（石田健吾）

184

木造建築の構造材（土台・柱・梁・根太・筋かい・間柱・垂木など）は，昔の大工さんの「手作り・手加工」から工場での「機械加工」に大きく変化しています。

木造建築は，山に生えている木を伐採→製材→加工（刻み）→組立（上棟）の手順で建築されていきます。このうち，「加工（刻み）」の部分を，大工の手仕事から「工場での機械加工」にした工法を「プレカット工法」と呼びます。「プレカット」は，木材だけではなしに「合板」や「石膏ボード」「サイディング」など，さまざまな建築材料の「プレカット化」が進んでいます。

工事現場での手加工よりも，工場でのプレカットが有益な理由は，天候に左右されず，照明や加工・運搬などの作業環境の良好な場所で，あらかじめ準備された「プレカット図」に基づいて作業ができるため，熟練者でなくても，品質や工数に差が出にくいことにあります。

デメリットは工事現場がプレカット図通りにできていない場合や，工事中に変更があった場合，プレカットされたものが使えなくなることがあります。工事現場での手加工の場合には，現場に合わせて加工するため，そのような無駄はないでしょう。

（波多野隆之）

一昔前は大工が木取りをし，墨付けを行い，鋸，鑿，鉋等の手道具を用いた手刻みで木材の加工を行っていました。長い時間をかけて仕口・継手と呼ばれる金物を使わずに，木材同士を組み合わせる技法が発展継承されてきました。戦後，高度経済成長期を迎え，木造住宅を安く早くつくる需要が大きくなり，部材の接合部は金物を主とし，部材の加工も機械で行うようになりました。木材を工場で機械により加工することをプレカット工法といい，プレカットは直訳すると「前もって加工する」という意味になります。

プレカット工法の利点としては，工期の短縮，コストの削減，大工の技量によらない安定した精度の加工が可能であることなどが挙げられます。

一方で，木の癖や縮みを読んで微妙な加減をするといった，大工の塩梅の世界に対応できないことや，伝統構法に見られる複雑な仕口・継手には対応できないこと，丸太などの曲がり材の加工が困難であるといった課題もあります。

効率的かつ質の高い木造住宅を実現するためには，機械で行う箇所と大工が手刻みで行う箇所の分担を行う必要があります。

（福井喜一）

応急危険度判定
既存不適格
構造特性係数
I_s 値・q 値
特定天井

法制
082〜086

082

応急危険度判定

Emergency Safety Evaluation

Ⅶ章

法制

日本列島はたびたび大きな地震に見舞われ、そのたびに人の命にかかわる建物の被害も多くみられています。

地震が起こると建物の所有者等が被害の状況を把握し、建物の安全の確保に努めなければなりません。

しかし、建物の被害が大きい場合、所有者など自ら被害の状況を把握しきれず、また、余震などにより隣家や道路に建物が倒壊する可能性もあり、第三者に被害を及ぼすことが考えられます。

そのため、行政の対応が必要になり、市町村が地震発生直後に被災建物の被害の状況を把握するために、応急的な被災建物の安全性の判定として、応急危険度判定を実施することになります。

応急危険度判定は、応急危険度判定士の資格を持つ行政の職員および都道府県が養成、登録した民間の建築士などからなる応急危険度判定士がボランティアで行います。

判定は目視調査を行い、判定結果に応じて、「危険（赤）」「要注意（黄）」「調査済（緑）」の判定ステッカーを建物の出入口などの見えやすい場所に貼付し、所有者および第三者に結果を知らせることになっています。

（大﨑　修）

地震直後に，余震に対する人命に係る二次的な災害を防止するために，数多くの被災建物の調査を短時間で行い，建物の危険度を「危険（赤）」「要注意（黄）」「調査済（緑）」のうちのどれかに判定します。判定による対応として，建物の使用者および第三者が見やすい場所に判定ステッカーを貼り付けます。10階建以上または30m以上の高層建築物は適用範囲外となります。

調査は，調査1「一見して危険と判定される場合」，調査2「隣接建築物・周辺地盤等および構造躯体に関する危険度」，調査3「落下危険物・転倒危険物に関する危険度」に分かれていて，二人の判定士が一組になって行います。

判定後の余震により被害状況が変化した場合や，判定後により詳細な調査が行われた場合には，判定を変更することができます。

この応急危険度判定は，建物の恒久的な安全性を判定するものではありません。また，余震が頻発している時期での調査なので，調査者の安全確保が第一義となります。

（横田友行）

地震が発生した直後に，自治体が専門技術者を現地に派遣し，応急的に建物が安全に使用できるかどうかの調査を行うことを，被災建築物応急危険度判定といいます。

また，派遣される専門技術者のことを応急危険度判定士といいます。

応急危険度判定は，残留層間変形角や，外壁のひび割れなど，複数の項目を総合して，鉄骨構造，鉄筋コンクリート構造，木構造の種別ごとに行われます。ただし，地震後に実施される，罹災証明書を発行するための調査とは異なるものなので，注意が必要です。判定結果は，赤色：危険（立ち入る場合には専門家への相談と応急措置が必要），黄色：要注意（立ち入る場合には十分な注意が必要），緑色：調査済（建物は使用可能），の三色のステッカーにより分類され，建物の出入口など，建物所有者や付近の人などが見やすい場所に張り出されることになっています。

応急危険度判定士として認定されるには，建築士資格を持つ者，建築基準適合判定資格を持つ者，あるいは行政職にあり建築または土木課程を修了した者が，自治体が主催する講習会を受講する必要があります。

（辻 奈津子）

083

既存不適格

Non-Conformity
in the Existing Building

VII章

法制

建築当時の法律に適合しているものの，現行の法律には適合しない建物のことを既存不適格（建物）といいます。

日本では「法令不遡及の原則」があるため，既存不適格建物であっても，現行の法律への適合を求められたり，処罰されたりすることは原則としてはありません。しかしながら，これはあくまでも原則であって，以下のような場合には，現行の法律への適合が必要となる場合があります。

①増改築・大規模な修繕・大規模模様替えを実施する場合

②一定の用途変更を実施する場合

また，平成25年の「建築物の耐震改修の促進に関する法律」の改正により，多数の人が利用する一定規模以上の建物や，都道府県または市町村が指定する避難路の沿道にある建物では，耐震診断の義務付けと結果の公表がなされるようになりましたので，耐震診断の結果によっては，現行の構造規定適合に相当するような改善が必要となる場合もあります。

さらに，平成25年の建築基準法の改正によって，著しく保安上危険であったり，衛生上有害と特定行政庁が認めた既存不適格建物に対しては，当該建物の解体や修繕など，保安上または衛生上必要な措置をとることを命ずることができるよう規定されました。

（辻 奈津子）

既存不適格建築物とは，建物を建てた時点では建築基準法を満たしているが，法の改正や都市計画変更などにより基準に合わなくなった建物のことをいいます。

既存不適格建築物では，増改築，大規模な修繕，大規模な模様替えなどを行う場合には，原則的に建築物全体について現行の建築基準法に適合されることが必要となり，また一定の用途変更をする場合についても現行の規定に適合させる必要があります。

建築基準法は1950年に制定されてから，社会環境の変化や建物に求められる性能の変化により幾度と改正が行われてきました。

構造に関しては，大きな地震が起こるたびに改正が行われ，現行の耐震基準は，1968年十勝沖地震，1978年宮城県沖地震の被害を踏まえ，1981年に改正された建築基準法が基になっています。

一般的に1981年より前を「旧耐震基準」，1981年以降を「新耐震基準」と呼んでおり，新耐震基準については，1995年兵庫県南部地震をきっかけに2000年に基礎や躯体を強化する規定が追加されました。

（福井喜一）

既存不適格とは，建築基準法の改正や都市計画法の改正により，地域や地区の変更や，すでに存在する建築物や，着工した建築物が，新しい法の新規定により，適合しなくなったものをいいます。

建設時には，建築物は適法であったため，違反建築物とは区別され，既得権があり，既存不適格と呼ばれます。そのため，改正基準の規定がどの部分，どの条項かにより，第○○条不適格といい，その法令改正時を基準時といいます。ですから，少し古い建物では，意匠法規での基準時や構造法規での基準時など，複数の基準時が存在します。

法律では，その改正や変更により新規定などに適合しなくなった場合，その新規定については，過去にさかのぼって適用されないという「法律不遡及の原則」があります。したがって，既存不適格建築物が以前の確認時のそのままの状態で存在している限り，新規定を適用するように，建物を修正や変更をする必要はありません。

ただし，一定規模を超える増改築・大規模な修繕・大規模な模様替えを行う場合には，不適格な状態を解消し，建築物全体または一部が建築基準法令の規定に適合するようにする必要があります。

また，確認申請時には既往工事履歴をまとめた，既存不適格調書が必要になります。

（上田尚延）

建築構造用語事典 II

084

構造特性係数

Structural Characteristic Coefficient

VII章

法制

　構造設計法は，1981年に「新耐震設計法」に改正されました。

　1981年以前の設計法（旧耐震設計法）では，地震動による水平力に対して，許容応力度設計法により設計を行っていました。

　新耐震設計法では許容応力度設計法に加え，大地震時の設計法として保有水平耐力設計法が導入されました。保有水平耐力設計法は，建物の変形能力に応じて大地震時に必要な耐力を算定し，建物が保有する耐力が，その必要耐力を上回ることを確認する設計方法です。

　地震動を「地震エネルギー」と考えると，変形能力が大きい建物は，建物の耐力が小さくても地震エネルギーを吸収することができます。逆に，変形能力が小さい建物は，建物の耐力を大きくすることで地震エネルギーを吸収することができます。

　保有水平耐力設計法では建物の変形能力を構造種別・構造形式に応じて数値化しています。この数値を「構造特性係数」と呼んでいます。一般的に構造特性係数は，ラーメン構造の場合小さくなり，耐震壁構造やブレース構造の場合大きくなります。

（塚本尚由）

192

構造特性係数 D_s とは，建物の変形能力を数値化したもので，変形能力が高いほど小さくなり，必要水平耐力を押し下げることができます。

「建物の変形能力」といっても漠然としていますが，建物を構成する個々の部材，たとえば柱や梁などに注目すると，わかりやすいかと思います。

部材の特性，つまり，変形能力が高いと思われるものから順番に A，B，C という「格付け」を行い，その「部材ランク」を集計した上で，多数決で「変形能力の高い部材で構成されている建物ほど変形能力の高い建物」と考えます。

それは，「部材」を構成する材料によっても変わり，コンクリートよりも鉄骨の方が変形能力は高くなります。「最大耐力に達するまでは弾性で，その後，その耐力を保持したままどこまでも変形についていく」，「建物は保有水平耐力に達したが，しかし，個々の部材は壊れていない」という状態を保証するものが構造特性係数です。荷重増分解析法によりその数値を算出します。

（木下隆嗣）

猛烈な強風が吹きつける台風の中，森の木々が必死に抵抗しています。その耐え方は大きく2種類ありそうです。

どっしりと構えて幹をしならせることなく，体全体で受け止める頑丈な木がいます。一方で，さほど太くない幹を目いっぱいしならせながら，風を受け流してやり過ごす木がいます。

大地を切り裂くパワーをもつ地震に耐える建物も同じです。頑丈な鉄筋コンクリート壁がたっぷりある低層建物なら，動じず耐え抜きます。鉄骨の柱と梁だけで構成されたスレンダーな高層建物なら，揺れながら受け流します。

地震で揺さぶられても少々の力ではびくともしない強さを与える「がっしりタイプ」か，大きく動きながらも最後までへこたれない「しなやかタイプ」か，あるいはその中間くらいか，建物の用途や形状に応じて実にさまざまです。

タイプに合わせて，構造設計者がどれくらいの強さとしなやかさを与えるべきか，それを建築基準法で数値として表したものが構造特性係数です。「がっしりタイプ」で 0.55，「しなやかタイプ」で 0.25，中間は 0.05 刻みです。

この数値は建物に与える強さの水準で，「しなやかタイプ」は「がっしりタイプ」に比べて半分くらいの力（0.25/0.55）に耐えればよいわけです。「しなやかタイプ」は「がっしりタイプ」に比べて3倍以上も大きく動けるように，鉄筋の本数や鉄骨の厚みなどを工夫しなくてはなりません。

（上田博之）

085

I_s値・q値

**Is Value・
q Value**

VII章
法制

I_s値は，耐震診断（昭和56年6月1日以前に建築されたものが対象）を行ううえで，現在の建物の構造的な耐震性能を評価する指標です。

　この値は，強度・靱性（変形性能の高さ）・建物形状・老朽化（ひび割れなど）から計算します。

　q値は，地震時の水平力に対して，現在の建物の強度を表した指標です。

　目安として，大地震（震度6強以上）に対し，$I_s \geqq 0.6$ かつ $q \geqq 1.0$ の場合は，倒壊または崩壊する危険性が低い，と一般的に判断します（確率論的立場からの見解）。

　この根拠としては，1968年十勝沖地震および1978年宮城県沖地震で大きな被害（中破以上）を免れたRC造の1階部分を耐震診断（第2次診断）した結果，$I_s \geqq 0.6$ が多くみられたためです。

　また，$I_s \geqq 0.6$ であっても，$q < 1.0$ の場合（建物の強度が低く，靱性が高い場合）に，1995年兵庫県南部地震で地震後も変形が残ってしまう建物が多くみられました。残った変形が大きくなりすぎると，不安定になり，倒壊する危険があるため，I_s値とq値の二つが定義されています。

　ちなみに，大地震に対してI_s値が，①0.3未満の場合は，倒壊または崩壊する危険性が高い，②0.3以上0.6未満の場合は，倒壊または崩壊する危険性がある，となります。

（野村建太）

I_S値とは，現行の耐震基準より前のいわゆる旧耐震基準で設計された既存建物に対して，耐震性能を数値化した指標です。また，I_S値を算出する手法を耐震診断といいます。

I_S値による耐震性の評価は，$I_S < 0.6$ の場合は，大地震時に崩壊または倒壊する可能性があると判定され，$I_S ≧ 0.6$ の場合は，崩壊または倒壊する可能性が低いとなります。

I_S値が 0.6 を下回った場合には，補強を行うなど何らかの措置が必要になります。

I_S値は，強度と靱性（ねばり）を乗じて算出しますが，強度が低くても，靱性が高ければ耐震性はよく，反対に靱性が低くても強度が高ければ，耐震性のある建物といえます。

その他，建物には最低限の強度が必要になりますので，強度に係わる q 値（≧ 1.0 以上）を満足する必要があります。

一般的に，強度が高い建物は鉄筋コンクリート造に多く，靱性の高い建物は鉄骨造が多くなります。

既存建物には，鉄骨造では柱と梁の位置や接合状況が，鉄筋コンクリート造ではコンクリート強度などが設計した状態と違う場合があります。

I_S値を算出する場合には，建物の実態調査が不可欠となります。

（野村 毅）

（一社）日本建築防災協会の「既存鉄筋コンクリート造建築物の耐震診断基準同解説」では，I_S値を「構造体の耐震性能を表す指標」と定義し，地震力に抵抗する壁や柱の強度，これらの部材が地震時にどれくらい変形しても壊れないか（変形性能，靱性），ピロティや大きな吹抜の有無など建物の形状による影響，経年劣化などを考慮して計算します。建築物の耐震診断および耐震改修の促進を図るための基本的な方針（平成 18 年国土交通省告示第 184，最終改正平成 30 年国土交通省告示第 1381）の別添「建築物の耐震診断及び耐震改修の実施について技術上の指針となるべき事項」では，q 値を「各階の保有水平耐力に係る指標」と定義し，各階の保有水平耐力，形状係数，地震時建物重量，地震地域係数，振動特性係数，層せん断力分布係数，および S，SRC 造あるいはそれ以外の構造方法に応じて定まる数値を用いて計算します。

q 値に相当するもので，CTUSD 値と呼ばれる「構造物の終局限界における累積強度指標，形状指標」もあります。これらの値はいずれも，耐震診断において建築物の耐震性能の判定に用いるものですが，準拠した基準・指針などにより，算定式が異なります。

どの基準や指針の何年度版に基づいて耐震診断や耐震改修を行うか，診断次数と合わせて設定・確認することが大切です。

（岸本光平）

086

特定天井

Specific Ceiling

Ⅶ章
法制

天井は，上部の床や梁などの骨組を隠し，断熱・遮音・防塵などの役目を果たし，配管や配線を通すスペースを作る目的で設置します。

2011年東北地方太平洋沖地震で，吊り天井などの落下や地震後の事業の妨げとなるなど，大空間を有する建物（体育館，屋内プール，劇場の客席など）の天井被害が多発したことから，天井が風圧や地震，その他の震動および衝撃によって，脱落・落下しないように強化することになりました。

①人が日常利用する場所，②高さ6m超，③面積は200 m²超，④質量は2 kg/m²超，⑤吊り天井，のすべての条件を満たしたものを，特定天井と定義します。

これは，新築に限らず，既存建物（耐震改修済みの建物も含む）にも適用されます。

特定天井となった場合は，①吊りボルトを増やす，②接合金物の強度を上げる，③壁と縁を切りクリアランスを設け，地震時の衝突による破損防止を図る，④吊り長さを2m以下とし，おおむね均一とする，⑤斜め部材を設ける，などの措置を行わなければなりません。

この他に，①天井を設置しない，②落下しても人に重大な危害をあたえない素材（軽い，柔らかい）の天井の採用，なども考えられます。

（野村建太）

特定天井とは，脱落によって重大な危害を生じるおそれのある吊り天井で，6 m を超える高さにある，面積が 200 m²を超え，質量が 2 kg/m²を超えるものをいいます。

背景には，平成 23 年東北地方太平洋沖地震で空港ターミナル，体育館，音楽ホールなど大空間の天井の脱落による人的な被害が問題となったことから，特定天井に関する告示（基準）が平成 26 年 4 月に施行されました。

特定天井の主な設計方法は，仕様ルートと設計ルートになります。仕様ルートは，天井の重量や吊り材・ブレースの配置など一定の仕様を規定しています。

設計ルートは，地震によって天井面に作用する震度を水平震度法，簡易スペクトル法，応答スペクトル法のいずれかで求めて，各部材・接合部を設計する方法です。

水平震度法は，応答スペクトル法に比べて設計が簡単ですが，水平震度が大きくなるため，斜材の数が多くなります。応答スペクトル法，簡易スペクトル法を採用した場合は，構造適合性判定の対象になるなど，設計の手間がかかります。

いずれの方法も，設計に手間がかかることから，「脱落」しても「危害」の及ばない軽量天井（2 kg/m²以下）を採用することが考えられます。

（野村　毅）

脱落によって重大な危害を生じるおそれがあるものとして，建築基準法施行令第 39 条および平成 25 年国土交通省告示第 771 に規定される天井のことで，6 m 超の高さにある，面積 200 m²超，質量 2 kg/m²超の吊り天井で人が日常利用する場所に設置されているものをいいます。幾度もの地震被害を教訓に，構造体以外のいわゆる非構造部材（屋根ふき材，内装材，外装材，帳壁など）に関する耐震性を強化すべく指針，技術的助言，ガイドラインが発行されていましたが，実態としては天井脱落対策が的確になされていたとはいい難い状況でした。しかし，東北地方太平洋沖地震を経験し，地震時に特定天井が落ちることで大きな被害が生じるおそれがある場合には，定められたルートに従い設計を行い，施工しなければなりません。仕様ルートでは，天井の重さの制限，吊り材やブレースの配置方法など，11 項目の基準を満たさなければなりません。また，平成 28 年には天井と周囲の壁との間に隙間を設けない仕様が追加されました。計算ルートでは，水平震度法，簡易スペクトル法などがあり，計算により構造耐力上の安全性を検証することになります。その際には，部材や接合部の耐力・剛性を把握しておかなければなりません。詳しくは（一社）建築性能基準推進協会の「建築物における天井脱落対策に係る技術基準の解説」などを参照ください。

（岸本光平）

剛床仮定
応答変位法
一貫構造計算プログラム
せん断破壊，曲げ破壊
エネルギー法
FEM 解析
剛接合とピン接合
累積塑性変形
平面保持の仮定
卓越周期
モデル化
保証設計
スラスト力
微小変形

力学／解析
087〜100

087

剛床仮定

Rigid Floor Assumption

Ⅷ章

力学／解析

「**剛**床」とは読んで字のごとく，「剛」である「床」（水平面に設ける面材）であり，面内方向に無限の剛性と耐力をもった，変形することのない床のことを示します。

しかし，地球上にはこのような物質は存在せず，少なからずも「力」に対し「変形」は伴います。

鉄筋コンクリート造の床については比較的剛性が高く変形が小さいことから，建築物の構造設計においては限りなく剛床に近いということから，剛床「仮定」として扱うことが通例となっています。

ただし，耐震要素（壁・ブレースなど）が偏っており，フレーム間の中間部に大きな床開口（吹抜）を有する平面形状の建物や，スキップフロアで床段差がある建物では，水平力が床を介して耐震要素に伝達できない場合もあります。この場合は剛床仮定適用に疑問ありのため，注意が必要です。

同じく耐震要素が偏った平面形状の建物では剛床仮定を適用する場合は，水平力に対し面内剛性を保ったまま変形しますが，並進変形ではなく，捩れ変形（回転）を伴った変形になります。このような場合も偏心率（既刊用語事典 220 頁参照）という指標で補正するなどの対応が必要です。

（安江 稔）

読んで字の如く，剛（硬い）な床のことであり，面内変形をしない床を意味します。

　しかし，実際にはコンクリートの床でさえ，多少は面内変形を生じます。コンクリートの壁と同じです。面内変形が生じないと仮定することで，構造計算が非常に簡便になります。床の面内変形を考慮する場合には，床の面内せん断力応力度の検討や梁の軸力を考慮した部材設計などが必要になってきます。よって，「剛床仮定」とは，構造計算を簡便に行う上でのさまざまな条件，仮定の一つです。

　ただし，この仮定が成立しない場合もあります。それは，吹抜や階段室で床が存在しない場合です。

　そのフロアの床面積が大きく，吹抜や階段室が十分に小さいと考えられる場合には問題ありませんが，そのフロアの床面積が小さい場合には，吹抜や階段により床が分断されてしまい，剛床が成立しなくなります。このような場合には，分断された床の地震時の面内せん断応力度の検討や，その部分の床の面内変形を考慮した構造計算を行うなどの検討が必要になります。

　木造の床は，コンクリートの床に比べれば剛とは言い難いと考えられますが，厚さ 12 mm の構造用合板を釘打ちすることで，一般的には剛床として扱っています。

（松本忠史）

構造設計上の仮定条件の一つで，風荷重・地震荷重などの水平荷重を受ける骨組は，剛な床などで平面的に接合され，それらの床は，構造計算上変形しないという仮定を「剛床仮定」と呼びます。水平力は鉄筋コンクリート造の床や水平ブレースを介して柱や壁に伝わります。床は水平面内に変形するが，骨組の層間変位に比べてかなり小さいため無視でき，床が水平方向に移動・回転しても，その形状は変化しない剛床と見なして床の変形を無視し，計算を簡素化することができます。

　この仮定によって，建物の同一床レベルでは水平変位が同じであるため，柱や壁の水平変位も同じとなります。つまり，柱や壁の負担する水平方向のせん断力は，これら部材の水平方向の剛性に比例するという構造計算上の簡素化が図られます。

　この仮定を用いる場合，床が完全に剛ということはあり得ないため，あくまで柱などの鉛直架構に対する相対評価が必要となります。一般的に鉄筋コンクリート製の床は十分に剛と考えられるため，剛床仮定が成立するとされています。一方，木造の床や吹抜をもつ床，不整形な平面をもつ床は剛床仮定が成立しにくいとされていますので，床変形を考慮した検討が必要となります。

　この仮定は，水平方向に関する検討に用いる仮定であるため，床部材や鉛直架構の構成によっては剛床仮定が成立しにくいこと，鉛直方向の剛性・耐力・変形についてはこの仮定に依らず検討が必要であることに，注意が必要です。　（越野栄悦）

088

応答変位法

Seismic Deformation
Method

Ⅷ章
力学／解析

地上の建築物の構造計算を行う時は，建物を柱や梁，壁などから構成されるモデルに置換え，建築基準法に定められた地震力を入力することで，建物の変形や建物を構成する部材に生じる力の状況を検討，把握することができます。

このとき，建物の周囲に存在する空気は建物の固さや変形に与える影響が極めて小さいので，検討の際にはその影響を考慮する必要はありません。

しかし，地下に存在する構造物，たとえば，杭や地下階などの地下構造物は地盤と接しており，かつ地盤には重量があり固さもあることから，地震時に地下構造物に生じる変形や力を検討する際には，地盤が地下構造物に与える影響を無視することができません。

したがって，地下構造物の検討を行うときには地盤の固さをバネに置換え，そのバネと地盤を建物と結び付けたモデルを作成し，そこに地震時に作用する力や地盤の変形を強制的に加えて，地下構造物に生じる変形や力を求めます。

この方法を，応答変位法と呼びます。

建築物の地下構造物だけではなく，土木分野においては水道管や地下に存在するピットや暗渠などのインフラの強度検討にも，この手法がよく使われています。

（大川正明）

応答変位法，何やら難しそうな言葉です。「応答」は呼びかけに答えること，「変位法」は変位を主体とした解析法ということは，何となく解釈できるかと思います。

　地震による地盤の応答，地盤変位が，建物に影響することを評価する手法を表しています。地震時に地盤の変位が影響するのは，杭基礎です。地表が軟弱な地盤であると，建物を支えるのに固い支持層まで到達させた杭が必要となります。この杭基礎建物に地震が生じると，どうなるでしょうか。まず，杭の支持層である固い層が揺れ始め，その上にある軟弱な層が杭とともに揺れ始めます。そしてその後，杭が支持している建物が揺れることになります。建物は杭や地盤と必ずしも同じ動きをすることはなく，地盤境界，杭頭部あたりに地震の慣性力による力を杭頭，地表近くの地盤に生じさせます。この影響はかなり大きいものであったことから，これまではこの建物による慣性力に対する検討を杭に行ってきました。しかし，よく考えると，杭頭部に建物の慣性力が働くことになる原因は，地盤が揺れたことによるものであり，地盤と杭がともに揺れたことにより生じたものです。ということは建物からの慣性力のほかに，地盤の変位による杭の強制変位が生じているのが，本当の地震時挙動です。この地震時の慣性力に，地盤変位による影響を含めた検討の手法が，応答変位法です。

（細野久幸）

建物を支え得るしっかりとした地盤が地中深いところにある場合，建物下に杭を設置します。杭は，常時はもちろんのこと，地震時にも建物を支え続けなければなりません。杭が壊れても，上部構造が壊れた時ほど人命喪失のリスクは大きくないといわれていますが，その補修・補強には極めて大きなコストがかかります。

　地震による杭の損傷を抑えるためには，地震時に杭に生じる応力を知らなければなりません。

　地震動によって上部構造は振動し，その動きに杭も引きずられ，①上部構造の慣性力による応力・変位が生じます。一方，地震動によって杭周囲の地盤は振動し，その動きに杭は影響を受け，応力・変位が生じます。これは，②地盤の応答変位による応力・変位です。杭の固さ・変位と杭周囲の地盤の固さ・変位（液状化も含めて）の大小関係で，杭に生じる応力の向きや大きさは変わります。杭に生じる応力を求めるのは，非常に難しい作業です。

　現在，一般的な建築物の設計では，上記①のみにより杭を設計しています。やや詳細な設計が要求される建築物や，軟弱地盤・液状化地盤など地盤変位の影響が無視できない場合は，②（応答変位法）も考慮した設計を行います。

（小倉正恒）

089 一貫構造計算プログラム

Coherent Structure Calculation Program

Ⅷ章　力学／解析

　　一貫構造計算プログラムは，建物の形状，部材の材料や寸法，各種荷重，計算条件などを入力すれば，建築基準法関連法令や学会などが定める規基準に準拠して構造計算を連続して行い，計算結果を構造計算書の書式で出力するソフトウエアです。

　このような利用上の便利さに加えて，建築確認では審査員との意思疎通が図りやすいといった利点もあり，高さ60 m以下の多層建築物の構造計算では，ほどんどの場合一貫構造計算プログラムが用いられています。

　一貫構造計算プログラムは当初整形建物を対象としていましたが，近年のコンピュータの高性能化によって不整形建物でも容易に入力でき，計算可能になっています。しかし，現実の建物は多種多様で，建物に作用する外力とその挙動は非常に複雑です。どのような基準による構造計算法でも，適用限界があります。

　プログラムには，規基準で規定されていない計算部分も多く含まれています。同じ建物モデルでも個々の取扱いがプログラムごとに異なるため，プログラム間で計算結果に差異が生じることが報告されています。

　設計者には，プログラムの適用範囲やプログラムが採用する仮定・前提条件を十分認識したうえで，プログラムを適正に利用することが求められます。

（中川佳久）

貫構造計算プログラムとは，入力から計算，結果出力に至る処理を一貫して行う構造計算プログラムのことをいいます。

一貫構造計算プログラムの普及によって，構造計算の中身がブラックボックス的な状況となってしまい，確認申請や構造計算適合性判定さえクリアすればいい，というような感覚に陥るのは大変危険なことです。

また，物件ごとに設計者が選択しなければならない計算条件が多数あり，デフォルト設定のままで問題ないかどうか，注意深く判断することが重要です。

一貫構造計算プログラムは，設計者がプログラムの計算内容を理解し，設計者が自身の責任の下に利用するものです。もし，プログラムにバグがあり，計算結果に間違いがあったとしたら，ユーザーとしてプログラムメーカーに指摘はしますが，責任を負うのはプログラムメーカーではなく，それを利用した設計者です。

（中村匡伸）

貫構造計算プログラムとは，建物の形状，規模，部材の断面寸法，材料などの架構をモデル化し，鉛直荷重（固定荷重，積載荷重，積雪荷重など）と水平荷重（地震荷重，風荷重など）を組み合わせて剛性計算，荷重計算，部材応力の計算，偏心率・剛性率の計算，計算ルートの判定，部材の断面検定（許容応力度計算），保有水平耐力計算まで一貫して行うことができる計算プログラムです。

取り扱うことができる構造種別は，RC造，S造，SRC造，それらが併用された混構造などがあります。応力解析には，マトリクス変位法による立体解析が用いられています。

スラブや小梁といった二次部材や耐震壁，ブレースなどの耐震要素も入力することができますが，想定したモデル化となっていない場合は部材の剛性や境界条件を指定し直すなど，取扱いには注意が必要です。

また，アウトプットに対しても工学的判断に基づいた妥当性の検証を行い，慎重に数値を採用する必要があります。出力されたアウトプットは「構造計算書」として，確認申請などに提出することができます。

基礎構造については上部構造と切り離して，別途検討を行うのが一般的です。

（松下直子）

090

せん断破壊，曲げ破壊

Shear Fracture/Bending Fracture

Ⅷ章

力学／解析

建物の主要部材（柱・梁・耐震壁）の代表的な破壊形式として，「せん断破壊」と「曲げ破壊」があります。

　せん断破壊とは，せん断力が卓越する部材（箇所）で発生する破壊モードであり，主に短スパンの部材に起きやすい破壊です。

　RC部材の場合の特徴として，せん断力の大きな箇所に斜めひび割れが発生し，脆性的な破壊となります。

　曲げ破壊とは，曲げモーメントが卓越する部材（箇所）で発生する破壊モードであり，主に長スパンの部材に起きやすい破壊です。

　RC部材の場合の特徴として，曲げモーメントの大きい箇所に，主筋と直交方向に曲げひび割れが発生します。また，せん断破壊に比べて曲げ破壊は靭性破壊のため，RC部材の設計では曲げ破壊を先行させる必要があります。

　部材の曲げ破壊を先行させるためには，せん断耐力を向上させる必要があります。

　RC部材の場合，あばら筋を増やすことでせん断耐力が上がります。

　S部材（H形鋼）の場合は，せん断力を負担するウェブPLを厚くすることで，せん断耐力を上げることができます。

（野澤裕和）

はさみで切るときに用いる力が，せん断力です。せん断破壊とは，力を受けた部分がすべるようにずれて破壊することです。

曲げ破壊は，部材を湾曲させて，引張側または圧縮側で破壊することです。

鉄筋コンクリート造の建物でいうと，曲げ破壊では，表面のコンクリートの剥落や主筋の降伏が起こりながら破壊に至ります。破壊後も，短期間ですが負担していた荷重を支え続けることができます。

一方，せん断破壊は部材に斜めのひび割れが発生し，さらに進展して壊れる破壊です。このような破壊が柱に生じると，柱は上部の床を支えることができません。せん断破壊を起こした柱の周りに，他に上からの建物の重みを支える要素がない場合は，上階の建物部分が一気に落ちてくることになります。

建物の破壊型としては，曲げ破壊は粘りのある破壊型で，せん断破壊に比べて望ましい破壊型とされています。

（梅尾えりか）

柱，梁および耐震壁などの主要部材は大きな地震動が作用した場合，個々の壊れ方により最大耐力やエネルギー吸収能力に大きな差が生じます。建物を構成する柱や梁の部材が細長い，スレンダーなものは，全変形量に占める曲げの影響が大きく，曲げモーメントによる曲げ破壊が生じます。

これに対して，ズングリとしたものは，「せん断変形」の影響が大きく，せん断破壊が生じます。せん断破壊は，部材に斜めにひび割れが生じ破壊に至る形式がもっとも多く，シャースパン比のごく小さい部材やせん断補強筋が少ない場合に多く見られます。また，低層建物の耐震壁の大半はせん断破壊となります。このようなせん断破壊は，「脆性破壊」といわれ，エネルギー吸収能力に乏しく好ましくない破壊形式とされています。「好ましくない」とされる理由の一つに，「その性状をどのように評価したらよいかがよくわからない」という事情も含まれています。

現行規定では，この破壊形式を考慮した形で構造特係数が設定されます。きわめて脆性的な性状を示す建物でも，何かしらのエネルギー吸収能力を期待した設計をします。

（木下隆嗣）

091

エネルギー法

**Energy Balance-Based
Seismic Resistant Design**

Ⅷ章
力学／解析

建物の耐震性能を検証する手法として，「保有水平耐力計算」「限界耐力計算」，そして「エネルギー法」があります。

保有水平耐力計算および限界耐力計算では，地震時に建物に生じる層せん断力に対して，保有水平耐力もしくは限界耐力が上回ることを確認します。建物の塑性化の程度に応じて層せん断力を低減するため，間接的にエネルギーについて考慮しているといえますが，直接評価する物理量は「力」です。

一方，エネルギー法では，地震時に建物に入力されるエネルギー量に対して，建物が吸収できるエネルギー量が上回ることを確認します。中小地震では建物全体で，大地震では層ごとでエネルギー量の比較を行います。

地震時に建物に入力されるエネルギー量は，建物の質量・強度・剛性分布にはよらず，主として建物の固有周期と地盤条件から定められます。また，建物が吸収できるエネルギー量は，部材の塑性吸収エネルギー（保有累積塑性変形倍率）の総和から得られます。

エネルギー法の特徴として，建物を「主架構」と「ダンパー部分」に分割して扱いますが，ダンパーについては，中小地震でも塑性化を許容します。

現在，エネルギー法でのダンパーは履歴系に限定されていますが，今後，粘性系ダンパーなどへの展開も期待されます。

（軸丸久司）

平成17年国土交通省告示第613号で，公布された耐震構造計算方法の一つです。

正式には，「エネルギーの釣合いに基づく耐震計算等の構造計算」と呼びます。

この計算方法では，地震時の建物の挙動をエネルギーという物理量を用いて構造性能を評価します。保有水平耐力計算や限界耐力計算でも間接的には取り入れられていますが，直接エネルギー量を計算することがなかったので，一般の構造設計者にとってはなじみが少ないかもしれません。しかし，エネルギーという概念を構造設計に取り込むことで，ダンパーを用いた設計が容易に行えるようになりました。

エネルギー法の設計方法は，①ある地震によって建築物に投入されるエネルギー量を建物の総質量と一次固有周期から類推し，②建築物を構成する構造材料の塑性ひずみエネルギーの蓄積量と部材の耐力劣化との関係に相関性があることから，各構造部材から地震時に建物が吸収可能なエネルギー量を計算します。

①で求めた地震に耐えるために，層ごとの「必要エネルギー吸収量」を，②で求めた層ごとの「保有エネルギー吸収量」が上回ることを確かめます。

検証する地震の大きさは，「稀に発生する地震動」と「極めて稀に発生する地震動」の二本立てで行います。

（白沢吉衛）

エネルギー法は，エネルギーの釣合いに基づく耐震計算法のことで，許容応力度等計算や限界耐力計算と同様，建物の安全性を確かめるための構造計算の一つとして平成17年国土交通省告示第613号で規定されています。

エネルギー法は，建物の耐震性を簡便に判断できるだけではなく，建物の申請においても通常の耐震構造建物と同様に大臣認定が不要となり，申請期間，手間を低減できる設計手法です。しかし，エネルギー法関連告示公表の2か月後に起こった耐震偽装事件以降，構造設計の厳密化が進む中で，新しい設計手法であるエネルギー法は，取り組みにくい状況にあり，ほとんど採用されていないのが現状です。

とはいえ，エネルギー法は「地震がもたらすエネルギーの大きさ」と「建物が吸収できるエネルギーの大きさ」を比較し，前者よりも後者の方が大きければ，建物は安全であると考える明快な設計手法です。

また，稀地震時にダンパーを塑性化することが認められているため，ダンパーへ効率的に地震エネルギーを吸収させる合理的な構造形式が実現できます。今後のエネルギー法の普及に期待を寄せたいところです。

（貝谷淳一）

建 築 構 造 用 語 事 典 Ⅱ　　209

092

FEM 解析

**Finite Element
Method**

FEM解析のFEMとはFinite Element Methodの略となり、「有限要素法」と称される数値解析手法の一つです。

解析定義された対象領域内を小さな有限範囲の要素に分割し、各要素領域における微分方程式を比較的単純で共通な関数にて近似して、数値計算を行う方法として確立されています。

複雑な構造物や特殊な形状などを小さな要素の集合体に置換することで、各要素に方程式を置き、要素節点の変形などによる境界条件を代入することで、解を求める方法が主流です。

建築構造設計の分野でも、スラブなどの平板における歩行振動解析、フラットスラブやマットスラブなどの平板の面外曲げ剛性を考慮可能である「曲げ板要素」を使用した静的解析、および壁体や土層などの「矩形ひずみ要素」の面内および面外のひずみ変形などを考慮した応力解析により、線形モデル置換では評価できない形状や性状の応力解析に用いられることがあります。

（鈴木昭司）

Ⅷ章

力学／解析

建物の骨組解析には，線材解析が用いられることが多く，柱や梁，ブレースや壁を「線材」や「バネ」にモデル化することで，各部材の応力を算定することができます。

この応力は断面力とも呼ばれますが，厳密には，部材軸と垂直な断面全体に分布して作用している応力の「合力」を表しています。

部材断面に生じている応力分布は，「平面保持の仮定」を用いることで求められます。ただし，部材の形状や接合方法，荷重条件によっては，「平面保持の仮定」が成立しないことがあります。

このように，線材では評価しにくい形状や荷重条件に適した解析法が「FEM 解析」です。

FEM 解析では，部材を連続体として評価して，微小な要素に分割し，「釣合い条件」「適合条件」「構成則」に基づく微分方程式を，数値解析的に解くことで，各要素における応力を求めることができます。

要素の分割（メッシュ）の設定や，各要素のタイプ（シェルやソリッドなど）の設定の仕方によっては，解析結果の誤差が大きくなるので，形状や材質に応じて，適切なモデル化が必要となります。また，要素数が多くなると，解析時間が長くなるため，対称性を考慮したモデル化や，部位によって要素分割の程度に差をつけることも，FEM 解析のポイントとなります。

（軸丸久司）

建築物の構造設計では，柱・梁などの応力は，部材を線材やエレメントに置換し，連続体として，平面応力解析や立体応力解析により求める手法が用いられています。

一方で，連続体を微小な要素で構成される解析要素にモデル化し，個々の要素の応力や変位を求めることが可能になってきています。微小な要素で構成される解析モデルによる応力解析方法を，「FEM 解析」と呼んでいます。FEM 解析は柱・梁のような線材やスラブ・耐震壁のような面材の応力解析，地震時の地盤応力解析など，構造解析に幅広く用いられています。

汎用性の高い FEM 解析ソフトの開発が進み，容易に解析モデルが作成でき，解析結果は CG でわかりやすく出力されるため，構造解析には有用な解析方法となっています。

一方で，FEM 解析は数値解析であり，解析結果は近似解であることを認識する必要があります。

FEM 解析は，構造解析で幅広く用いられてきていますが，解析結果の妥当性を判断する指標はありません。

FEM 解析により，高度な解析が可能となってきていますが，設計者には解析結果を適切に判断する能力が必要になってきています。

（塚本尚由）

093

剛接合と
ピン接合

**Rigid Joint/
Pin Joint**

Ⅷ章

力学／解析

剛接合とピン接合とは，部材と部材をつなぐ接合部の状態の名称です。

剛接合とは，接合部で回転が拘束される接合です。元々一本の部材であったかのように，部材の端部同士が完全に固定された状態を指します。剛接合を用いるメリットは接合部が変形しないので，頑丈なフレーム（ラーメン架構）を作ることができることです。その分，接合部のディテールは比較的複雑で重々しくなりがちです。

ピン接合とは，接合部で回転が拘束されない，たとえばドアの蝶番のような接合です。

ピン接合を用いるメリットは，回転を拘束しないので，端部に曲げ応力が生じないことが挙げられます。接合部はせん断力と軸力を伝えればよく，ディテールも簡素なものにできます。

接合部が回転を拘束しないので，力が加わった際に生じる変形は大きくなります。ピン接合のみでつないだフレームは非常に不安定で，横から押されたら潰れてしまうので，筋かいなどの併用が必要です。

基本的に RC 造は剛接合，木造はピン接合によって構成され，鉄骨造は両接合部が活用されています。

また，現実的には完全な剛やピンという接合状態はない，という認識も常にもっておくべきです。

（藤井章男）

212

剛接合とは「固定接合」とも称され、ある接合部で水平方向・鉛直方向および回転方向のそれぞれについて各部を拘束し、互いに応力伝達が可能となる接合の状態であり、剛接合部を介して各部材は一体として評価することが可能になります。

ピン接合とは「回転接合」とも称され、ある接合部で水平方向および鉛直方向はその各部を拘束して、応力を伝達することが可能な接合であるが、回転方向の拘束は行わず、自由に回転することが可能となる接合方法です。自由に回転するので、回転方向の曲げモーメント伝達については、行われないことになります。

建築構造設計における一般的なピン接合とは、構造解析上のモデル化により仮定する回転接合であり、実状の接合部では微少な回転剛性を有している場合が多いです。

しかしながら、解析仮定では当該回転剛性が極微少であることを考慮してモデル化を行うため、設計時には計画された実状のピン接合部について、解析仮定との相違状況を把握し、仮定条件の範囲内であることなどについての確認も重要であろうといえます。

（鈴木昭司）

部材の接合部は、軸力・せん断力・曲げモーメント・ねじりモーメントのいずれかを伝達しなければなりません。

剛接合は、これらすべての内力を伝達できると、仮定する接合形式です。ピン接合は、軸力とせん断力を伝達し、曲げモーメントを伝達しないと、仮定する接合形式です。

剛接合とピン接合の中間に位置付けられる接合形式は半剛接合であり、回転剛性に応じた曲げモーメントを伝達する接合形式です。

木造では、構造上、完全な剛接合が難しく、半剛接合がほとんどとなります。RC造では、ピン接合の接合はなく、剛接合か、ひび割れを考慮した半剛接合になります。鉄骨造では、ピン接合・半剛接合・剛接合のいずれもあります。鉄骨造の大梁継手や柱梁仕口部は剛接合、小梁の接合部はピン接合、露出柱脚は半剛接合として評価することが多いです。

「さて、鉄骨小梁のピン接合は手で押して回せますか？」

ピン接合と考えていても、ある一定の回転剛性があるため、小さな力では容易に回すことはできません。「接合はすべて半剛接合であり、剛接合やピン接合は特別なケースである」と、考えてもよいかも知れません。とくに、異種材料の接合や新しい接合工法の場合には、回転剛性や部材の強度・靱性に応じた適切なモデル化やディテールとすることが重要です。

（軸丸久司）

094 累積塑性変形

Cumulative Plastic Deformation

Ⅶ章
力学／解析

　累積塑性変形は部材の降伏耐力を上回る変形を複数回に亘って繰り返したときの降伏後の変形の累計値です。繰返しの塑性変形に対する部材の安全性を検討する際の一つの指標となります。超高層建物に長時間，大振幅の揺れをもたらす長周期地震動や，レベル2地震動を大きく上回ると想定される内陸直下型地震動に対する耐震安全性の検証で用いられます。

　柱と梁で構成される鉄骨造ラーメン架構の大地震時の挙動を考えてみます。地震時に，建物は大きな揺れに見舞われます。柱と梁は，仕口部を介してこの揺れに抵抗します。梁端部に着目すると，上下に繰返しの変形が生じ，それに伴う応力が発生します。梁部材には降伏耐力を境に二つの異なる領域があり，地震時の揺れに遭遇すると，この二つの領域を繰返し経験することになります。降伏耐力前の弾性領域では，変形を繰り返しても元の部材形状に戻りますが，降伏耐力後の塑性領域では変形は残留し，蓄積されます。

　この蓄積された変形が，累積塑性変形です。部材がどれだけひずみエネルギーを吸収したかを表し，許容値を超えると部材の損傷が進展し，破断に至ります。柱，梁仕口部のディテールに左右され，ノンスカラップ形式や梁端拡幅など，損傷度を低減するさまざまな工夫がなされています。

（上森　博）

累積塑性変形とは，構造部材などが大地震などによって，繰り返し損傷を伴って経験した総変形量です。ある部材に力を加えて変形させた場合，力を抜いたときに元どおりの形に戻る変形を「弾性変形」，元の形に戻らなくなった変形を「塑性変形」といいます。

わかりやすくいえば，ハリガネの両端をもって曲げた時に，片手を離してまっすぐに戻るか，曲がったままになっているかの違いです。

建築における塑性変形とは，地震などによって柱や梁，壁が損傷している状態をいいます。塑性変形が繰り返されると，部材の構造性能は徐々に低下（繰返し劣化）して，いずれ破壊します。そのような破壊に対する安全性評価を行ううえで，累積塑性変形は重要な指標です。

基本的に建築基準法が想定する規模の大地震に対して，構造設計される場合は繰返し劣化が顕著とならない程度の地震時変形に抑えることが求められています。

ただし，東北地方太平洋沖地震の経験から，海溝型巨大地震では数分間建物が揺れ続ける状況も考えられるので，超高層建物などの性能評価を行う際は，特別な長時間の大地震で建物を揺らした場合の累積塑性変形も含めて，耐震性能を確認しています。

（藤井章男）

累積塑性変形とは，建物（各層や部材など）の塑性降伏後における変形量の総和として定義されます。

一般的に建物に対して地震動が入力されると，架構（各層や部材）は正負方向に繰返し加力を受けることになるために，塑性降伏後の変形についても，正方向および負方向それぞれについて生じることになります。

エネルギーの釣合いに基づく耐震設計法では，建物に入力されるエネルギーの総和に対して，架構の履歴吸収エネルギーの総和が上回っていることを確認するのですが，架構（各層や部材）の荷重-変形関係より求められる保有性能（保有耐力：降伏荷重）と，各層の累積塑性変形量より対象架構（各層や部材）の履歴吸収エネルギーを算出することが可能になり，入力エネルギー量と比較することで耐震性能を確認することが可能となります。

また，架構（各層や部材）に入力される入力エネルギー量と保有性能（保有耐力：降伏荷重）がわかっていれば，必要とされる変形性能（累積塑性変形量）を算出することも可能となり，建物の性能を決定する要因の一つになります。

（鈴木昭司）

095

平面保持の仮定

Navier Hypothesis

Ⅷ章
力学／解析

平面保持の仮定とは，元々平面であった変形前の平面は，変形後も平面を保持するという仮定です。構造力学の曲げ部材の応力解析法として，断面の寸法に比べて部材長が大きく，曲げの影響が支配的であり，変形が微小な場合に用いる仮定であり，せん断や捩りの影響を受けるような部材や変形が大きい場合などには適用されません。

この仮定に基づけば，断面に生じる垂直応力分布が中立軸からの距離に比例し直線的に分布することから，簡易に断面の応力状態を計算することができます。断面の中立軸においては，垂直応力はゼロであり，中立軸を境にして，圧縮応力が生じる部分と引張応力が生じる部分に分かれます。しかも，中立軸から離れれば離れるほど，この垂直応力度は大きくなります。

構造設計の基本的な考え方としては，構造物の内部に生じる最大応力度は許容応力度を超えないことです。この縁応力度の大きさが，許容応力度を超えないように設計する必要があります。鉄筋コンクリート造では，構造部材は，圧縮応力度には主にコンクリートで，引張応力度には主に鉄筋で抵抗するため，応力に合わせて適切な断面・配筋を計画することが構造技術者の役割となります。

（小西淳二）

216

平面保持の仮定とは，梁，柱などの部材が荷重を受けて，曲げ変形した後もその部材断面（＝材軸に直交する部材の切断平面）は平面を保ち，湾曲後の材軸に直交する，という仮定です。曲げ部材に生じる応力と変形を求める際に用いられる前提となっています。

ある程度の硬さ，長さのある矩形断面の均質なゴムスポンジの側面に，等間隔の縦線とそれに直交する材軸に沿った中央線を描いてみます。縦線はゴムスポンジの断面，中央線は上面と下面の間の中央面にあたります。

次に，ゴムスポンジの左端を持ち，右の端を元に戻る程度の力で押し下げ，曲げてみましょう。

ゴムスポンジの上面は伸び，下面は縮み，中央面は伸びも縮みもしません。この伸びも縮みもしない面を，中立軸と呼びます。縦線が直線を保持する（＝断面が平面を保持する）と仮定すると，中央線（＝中立軸）からの距離に比例して，中央線上方は伸びが，中央線下方は縮みが直線的に大きくなり，上下面で最大となります。部材の変形が弾性範囲内であれば，フックの法則により断面に生じる応力はこの伸び縮みに伴うひずみに比例します。

このように平面保持の仮定を用いると，断面に生じる応力状態を簡明に求めることができます。

（上森 博）

平面保持の仮定とは，ある部材の断面形状は常に一定で変わらない，という計算上の仮定条件です。この仮定は，複雑な構造計算を簡便にする目的で用いられます。構造部材に何らかの力を加えた時，断面形状は一定ではなく，さまざまな変形が常に生じています。ただし，ほとんどの変形は構造評価に影響を及ぼさない程度に微小であるため，それらの断面形状の変形は存在しないものと仮定して，個々の計算を効率化しています。

なぜなら構造設計においては，精緻な解析の解を得ることではなく，建築物の安全性を明快に示すことが重要なためです。平面保持の仮定は，その考え方に沿って一般的に用いられています。

注意するべき点としては，以下のような状況が挙げられます。

①仮定を用いる断面が大きいほど，現実と計算値の乖離が大きくなること

②大地震などで物理的に部材が大きく損傷した場合では，当初の断面形状から得られる部材性能が発揮できない可能性があること

このように，設計者が状況を把握して，平面保持の仮定にとらわれず，慎重に判断しないといけない場合もあります。

（藤井章男）

建 築 構 造 用 語 事 典 Ⅱ　　217

096

卓越周期

Predominant Period

VIII章
力学／解析

　もともと，構造物には，その形態ごとに揺れやすい周期があり，固有周期と呼ばれています。一質点系であれば，固有周期は一つですが，多層階の建物であれば，層の数だけ高次の固有周期が存在し，そのうちの一番長い周期（一次固有周期）を固有周期ということもあります。このことは，たとえば，プラスチック製の物差しの先端に粘土を付けて，端部をもって振動させてみれば実感できます。持つ位置を変えて物差しを短くすると，揺れる周期が短くなる様子が観察できます。

　さて，今度は地盤についても同じように考えてみます。実際の地盤は，地盤調査で得られた柱状図を見ればわかるように，礫，砂，粘土などが層状に重なっており，各層の厚みは場所ごとに変化し，層自体が傾斜していることもあるでしょう。時には，各層は断層で分断され，不連続になっていることもあります。このように，平面的にも立体的にも複雑な組成をもつ地盤では，建物のような明確な固有周期は表れにくくなります。そこで，地盤の常時微動測定で得られた観測波を分析し，周期成分ごとの頻度を図にしてみると，いくつかの周期で頻度が際立っていることがわかります。この時の周期を，卓越周期といいます。

　卓越周期は，固い地盤ほど短くなり，柔らかい地盤では長くなる傾向があり，その地盤で観測される地震波と密接な関係があります。

（神澤宏明）

地震の揺れは,「振幅」と「周期」に分けて考えることができます。「振幅」は地震の揺れの大きさを表し,「周期」は時計の振り子のように,地震の揺れが"いって戻って"という往復するまでにかかる時間を示しています。そして,この地震の「振幅」と「周期」は地盤によって差があり,軟らかい地盤では「振幅」が大きく(周期が長くなる),硬い地盤では「振幅」が小さく(周期が短くなる)なる傾向があります。

このような,その地盤特有の周期を「卓越周期」と呼んでいます。

地盤の「卓越周期」と建物ごとに違う「固有周期」が一致すると,「共振」を起こし,建物が一層大きく揺れる場合があります。

建物の構造計算を行う場合,設計用地震力を設定します。その設計用地震力を算出する際に用いる建物の振動特性(揺れやすさ)を表す数値がありますが,建物の「固有周期」と地盤の「卓越周期」の関係から算出します。

また,卓越周期には,比較的浅い地盤構造の影響による卓越周期と,深い地盤構造による卓越周期があり,超高層建物や免震建物のように固有周期が長い建物においては深い地盤構造の影響による卓越周期に,注意が必要となります。

(小西淳二)

建物に揺れやすい周期(=固有周期)があるのと同様に,地盤にも揺れやすい固有の周期があります。これを地盤の卓越周期といいます。

地中深くにある場所で,断層がずれると地盤が振動し,地震波となって震源の基盤層→強固な洪積層→軟らかい表層地盤へと地中を伝播します。この過程において,地盤特有の揺れやすい周期に近接する振動が共振し,増幅され,地盤の揺れの性質をもった地震動として地表面に姿を現します。

地表面の揺れの周期と建物がもつ固有周期が近接すると,建物は共振し,揺れが大きくなります。過去の地震被害においても,この共振現象が建物被害を大きくした事例が多数見受けられます。建物の耐震設計を行う上で,地盤の卓越周期をあらかじめ把握し,配慮することが重要となります。

軟らかい表層地盤が均質な地層の場合,地盤の卓越周期はその厚さと硬軟により決まります。表層地盤が軟らかく厚い堆積層の場合は長く,硬く薄い堆積層の場合は短くなります。実際の地盤はさまざまな性質をもつ地層が複雑に入り組み,三次元的な広がりをもっています。

よって,地盤の卓越周期を詳細に調べるには,常時微動測定やPS検層などの地盤調査を実施し,分析する必要があります。

(上森 博)

097

モデル化

Modeling

Ⅷ章
力学／解析

ビジネスモデル，モデルルーム，ロールモデル，モデルとつく言葉は多くあります。これらは，社会貢献のため（あるいは儲けるため？）の手法，理想的な住まい方，生き方のお手本など，何か典型的な形やパターンを示すことで，複雑なことを理解するのを助けてくれます。

建物は，構造体だけ見てもかなり複雑です。柱や梁，床や壁，鉄筋コンクリート造なら中に多くの鉄筋があり，それらが基礎に座り，地震や台風に耐える必要があります。

この複雑な構造体に働く力の流れや大きさをつかむため，構造設計者は単純化して考えます。これが構造体のモデル化です。

多くの場合，柱や梁は幅も奥行きももたない一本の棒に置き換えます。杭も地面に突き刺さった一本の棒にします。床は厚みのない一枚の板に，壁に至ってはまったく形の異なるX形状の筋かいに置き換えることさえあります。

人や荷物も，地震や台風も構造体を押す力に置き換え，一本の棒や一枚の板に作用する力の大きさをつかみます。そして，次のステップでコンクリートや鋼材など材料の強さと相談しながら，幅や奥行きや厚みをもったものとして，鉄筋の数や鉄板の厚さなどを決めます。

力がどう流れるか，どこに力が作用するか，単純化する過程でモデル化を間違うと，構造安全性に関わる重大な失敗につながるので，モデル化という作業は非常に重要です。

（上田博之）

直訳すると，"（あるもの，現象を）模して型を作ること"となりますが，ここでは構造設計実務におけるモデル化について述べたいと思います。構造設計を行う際には，建物自身の重量や，地震荷重・風荷重に対して，構造体がどのような挙動を示すかを，計算する必要があります。このとき，実際の構造体や荷重は非常に複雑ですので，そのままでは計算が煩雑になり過ぎます。

そこで，構造設計者が扱うことのできるレベルまで，構造体や荷重を簡略化していきます。この作業をモデル化といいます。モデル化を行う際には，元になった構造体の特徴や挙動，荷重の特性などを正確に反映することが重要ですが，あまりに精緻なモデルを作成すると，計算コストが膨大になってしまいます。そのため，計算の目的に合わせて，どの特徴をモデルに反映させるかを，取捨選択していく必要があります。

このとき，実用上十分な精度を確保しつつ，なるべく簡便なモデル化を行えるかどうかが，構造設計者の腕の見せ所といえるでしょう。

一方，最近では，構造設計をコンピュータ上のプログラムで行うことが多いですが，プログラムの中では，建物の形状や部材をプログラムが扱える形にモデル化しています。どのようにモデル化されているか，そのモデル化は適切か，設計者は，常に意識することが大切です。

（神澤宏明）

構造計算におけるモデル化とは，建物の形をある程度単純な形に置き換えることを指します。建物の形をすべてそのまま入れ込んで，構造計算を行うことは実質不可能です。

一般的には，建物を梁や柱の骨組にモデル化を行い，作用する力も実際に作用する力を集中荷重や分布荷重にモデル化を行い，構造計算を行います。また，さらに複雑な建物の振動を考えるときは，もっと思い切った理想化モデルを考えてやる必要があり，それが，質点系モデルと呼ばれるものです。

このように，構造計算を行う上では，さまざまなモデル化を用いて計算を行っており，そこには必ず誤差が含まれています。また，同じ建物の構造計算を行う際，モデル化の違いにより計算結果にばらつきが生じます。

最近の構造計算においては，一貫構造計算プログラムの普及により，建物形状を現実に近い状態で認識させることが可能となり，そのプログラムの中でどのようなモデル化により計算されているのかを，認識しないままでも構造計算を行うことが可能となっています。モデル化の違いによる計算結果のばらつきを，十分把握したうえで構造計算を行うことが重要となります。

構造技術者は，計算結果にその誤差やばらつきを考慮して，構造安全性を確保する必要があります。

（小西淳二）

建築構造用語事典 Ⅱ　221

098

保証設計

Assurance Design

Ⅷ章

力学／解析

車のボディーは万が一の衝突に備えて，大きく二つのゾーンに分けて設計されています。一つはつぶれながら衝突のエネルギーを吸収し，乗員への衝撃を緩和するフロントとリアの「クラッシャブルゾーン」で，もう一つは衝突時の変形を抑え乗員を守る中央座席周りの「セーフティゾーン」です。中央のセーフティゾーンの構造は，フロントとリアのクラッシャブルゾーンの構造よりも強度が高く，衝突時には中央よりもフロントあるいはリアが先に壊れるよう設計されています。

建物の構造も同じで，大地震時の大きな揺れに対して，壊れながら地震のエネルギーを吸収する部分と壊さない部分の二つに分けて設計します。

柱と梁で構成される一般的な構造の場合，柱よりも梁が先に壊れる構造の方が建物全体として粘り強く，地震に抵抗することができるため，柱よりも梁が先に壊れるよう設計をします。

この壊れ方の順番が逆にならないように，壊れる順番を保証するよう設計することを保証設計といいます。

壊れる順番を保証するためには，梁の強度と柱の強度の関係において強弱のメリハリをしっかりつけて，柱を強くしておくことが必要となります。

（嘉村武浩）

鉄筋コンクリート造建築物の構造設計では，建物が崩壊する状態まで建物の重量を支える柱・大梁および耐震壁が，急激な耐力低下を起こさないようにすることが必要です。そのため，柱・大梁および耐震壁の設計では，曲げ破壊を先行させ，急激な耐力低下を起こすせん断破壊を生じさせないことが重要です。

　鉄筋強度のばらつきやスラブ筋などの影響による曲げ耐力の増加を，考慮した崩壊状態での柱・大梁および耐震壁に生じるせん断力に対して十分余裕のあるせん断耐力を確保することで，急激な耐力低下を防ぎ，確実に曲げ破壊を先行させることを「保証設計」といいます。

　保有水平耐力の検討では，保証設計を満足する部材のランクを FA〜FC または WA〜WC とします。保証設計を満足しない部材は基本的に避けるべきですが，単層または連スパンの耐震壁など曲げ破壊が困難な耐震壁については，部材ランクを WD として必要保有水平耐力を算出します。

　保有水平耐力は，建物の水平変形が許容する変形に達する時点と，WD 部材のせん断破壊が発生する時点を比較して，小さい方を建物の保有水平耐力とし，必要保有水平耐力に対して十分余裕があることを確認します。

（南利 誠）

建物が地震などの外力を受けて，柱や梁などの構造部材が壊れるとき，その壊れ方には，曲げにより壊れる「曲げ破壊」，せん断により壊れる「せん断破壊」，圧縮力により壊れる「軸圧縮破壊」などの種類があります。

　鉄筋コンクリート造においては，柱や梁に「曲げ破壊」を生じても，耐力を保持して直ちに建物が崩壊することはありませんが，「せん断破壊」を生じた場合は，耐力が急激に低下して荷重を支えられなくなり，崩壊する可能性があります。

　したがって，「せん断破壊」を生じないようにするのが基本であり，部材の耐力が急激に低下するような壊れ方をしないように配慮した設計を保証設計といいます。

　具体的な例として，1 層 1 スパンの口の字型の鉄筋コンクリート造骨組を考えます。この骨組は，地震による水平力を受けた場合，左右の柱の頭部および脚部が曲げ破壊するか，上下の梁の両端部が曲げ破壊することで構造的に不安定な骨組となり，最終的に倒壊に至ります。

　このとき，柱頭・柱脚（梁両端）の曲げモーメントの和を柱（梁）の内法長さで割った値のせん断力が部材に生じていますが，このせん断力に割増率を掛けた値に対して，部材のせん断耐力が上回るように補強を行います。

（山本康一郎）

建築構造用語事典 II　223

099

スラスト力

Thrust Force

Ⅷ章

力学／解析

　アーチや山形屋根など勾配を有する形態では，鉛直方向に働く自重を，アーチや山形屋根の部材方向の力でアーチや山形屋根を支える下部構造に伝達させます。その時，アーチや山形屋根の足元には，外側へ水平力が発生します。これをスラスト力といいます。この力は形態から生じる力であり，構造設計を行ううえで，避けて通れない荷重です。

　アーチや山形屋根の勾配が緩い程，大きなスラスト力が発生します。

　平面的な形状が円形であるドームなどでは，ドームの足元に，このスラスト力に抵抗するテンションリングと呼ばれる部材を配置します。ドーム足元に生じる外側への水平力に対して，円形の平面形状で抵抗するもので，この部材には必ず引張力が生じます。

　よって，引張力に強いケーブルや鉄骨が用いられ場合が多いといえます。ドームなど平面形状の大きな建物では，このスラスト力が非常に大きいため，この力の処理の仕方によっては，建物形態に影響を与えるため，構造設計者の工夫のしどころといえます。

　ドームに限らず，アーチや山形屋根のスラスト力の処理の方法は，建物形状に大きく影響するため，構造設計者の腕の見せ所となる場合が多いと思います。

（松本忠史）

アーチ架構や山形架構などの支点には，横に広がろうとする力がかかります。この力のことをスラスト力といいます。

よくすべる床に，靴下をはいて大きく足を広げると，足は大きく横に開き股裂け状態になって立っていられなくなる状況を思い浮かべると，わかりやすいと思います。

このように，アーチや山形架構の支点が固定されていないと，スラスト力によって広がってしまいますので，アーチや山形架構の効果を発揮するためには，広がらないようにする必要があります。

広がらないようにする方法はいくつかありますが，例えば支点間をつなぐ水平材を設けたり，大きくて重い基礎を設けて支点を動かなくしたり，などがあります。

アーチのライズ（立ち上がり）が低いと，スラスト力が大きくなるため，より注意が必要になります。

（田中政寛）

スラスト力とはアーチ構造において顕著に生じる力であり，アーチ両端の支承部に水平方向に生じる力のことをいいます。

アーチ構造では架構にほとんど曲げの力が生じないという長所がある代わりに，両端の支承部に外方向へ広がろうとする力が生じます。

この力がスラスト力ですが，アーチのライズ（高さ）が低いほど，（当然ですが）スパンが大きいほど，荷重が大きいほど大きな力となります。

アーチ構造を成立させるためには，スラスト力をどうやって処理するのか？ということが重要な問題といえます。

スラスト力を処理する方法には，主に以下の三つがあります。

①アーチ両端の支承部をつなぐ梁を設置する（梁は一般的に軸力を考慮しませんが，この場合，スラスト力によって生じる引張軸力を考慮する必要があります。）。

②支承部に十分な重量のある基礎を設置して地盤に伝える（この場合，地盤が強固である必要があります。）。

③屋根架構の場合であれば，支承部をタイバー（PC鋼線など）でつなぐ。

なお，アーチ構造でない場合でも，大スパン架構の場合や，寄棟屋根，切妻屋根の場合などにも同様に，スラスト力に留意する必要があります。

（小島直樹）

建築構造用語事典 II 225

100

微小変形

Micro Deformation

Ⅷ章
力学／解析

構造物に力を加えた時，力が増えるとともに構造物の形がどんどん変化していき，その変形を考慮した上で応力の釣合いを考える必要があります。つまり，材料が弾性状態で応力とひずみが線形関係にあるとしても，構造物に加えた外力と変位の間に線形関係が成り立つ保証はありません。

一方で，構造物全体の寸法に比べてその変形が非常に微小なため，その変形を無視し，構造物の形状が変わらないと考えることを微小変形理論といい，材料が弾性状態にある場合，構造物に生じる応力や変形と外力との間に比例関係が成り立つと考えることができるため，構造物の応力や変位を簡易に算定することができます。

微小変形理論を用いることで，構造物の力学的挙動を一定の精度で把握することができ，弾性力学を扱う上で重要な仮定の一つですがあくまで仮定であり，実際には構造物は外力に対して変形しており，算定結果との間には誤差が生じています。

どの程度の誤差が許容されるかは構造物によって異なりますが，一般的な建築物の梁や柱の設計は微小変形理論に基づく計算で差し支えありません。免震ゴムや高層建築物の水平変位など，変形が遠くから見てもわかるような場合には P-δ 効果による応力など，幾何学的非線形を考慮する必要があります。

（金田興熙）

物体に力を加えて断面に生じる応力や変形量を計算する場合，加える力が小さく物体が弾性の範囲にあれば，力と応力あるいは力と変形量は，比例関係にあります。このように物理量が比例関係で表せる範囲の変形を微小変形と呼びます。一方で，加える力が大きくなると，回転による変形の影響や，物体の性質の変動により，比例関係が成り立たなくなります。このような範囲の変形を大変形といいます。大変形の範囲では，応力や変形量を求めることが非常に複雑になります。

柔らかく細長い棒（長さ L）の片方の端を固定して，もう一方の端をある力（P）で押す場合を考えてみましょう。固定した側には，$M=P \times L$ という曲げモーメントが発生します。微小変形の範囲では力と曲げモーメントは比例関係にあるので，力が2倍になれば，曲げモーメントも2倍になります。ところが実際には，棒がしなりますので，力がかかる点はだんだん固定した側に近づいてきます。そのため，比例関係が成り立つとして計算した M と，実際に棒に発生する M に誤差が生じてしまいます。

建物の構造設計では，建物の寸法に比べて変形量が小さいので，微小変形を仮定して，力がかかったあとも，力がかかる前の寸法を使って変形量を計算することが一般的ですが，変形が大きくなると，誤差が生じることを理解しておくことが大切です。

（伊藤祥二）

下端が固定された細長い片持ち柱において，上端自由端に水平方向の力と鉛直方向の力が作用する場合を考えます。これらの力によって柱上端に水平変位が生じているとき，柱下端のモーメントは（水平力×柱長さ＋鉛直力×水平変位）で表現され，外力だけでなく水平変位に依存して簡単に求めることができません。

一方，これらの荷重によって生じる変形が微小と考えられる場合，力の釣合いを変形前の状態で考えても，上述の変形後の状態で考えても，求められる応力や変位の値はほとんど変わりません。

このような「微小変形の仮定」が成立する場合，力の釣合いを変形前の状態で考えることができ，モーメントは（水平力×柱長さ）となって応力は簡単に求まります。

また，微小変形下で部材が線形材料の場合，荷重と変位を比例関係で表現できるため，線形解析が可能となります。このような微小変形の仮定に基づく構造解析は，簡便で汎用性が高く，ほとんどの構造計算でこの仮定が用いられています。

なお，想定以上の荷重が作用する場合やケーブルネット・膜構造のように部材剛性が小さい場合，大きな変形が生じて荷重と変形を比例関係で表現できなくなるため，繰返し処理による非線形構造解析が必要となります。

（中川佳久）

梁貫通／スリーブ
振動台
風洞実験
組積造
ピアレビュー
BIM
構造ヘルスモニタリング
PML

その他
101〜108

101

梁貫通／スリーブ

Through-Hole/Sleeve

IX章
その他

建築物は，地震や台風から建物を守り，その形状を維持する柱などの構造部材と天井・壁などの空間を飾る仕上げ部材と照明・給湯給水・空調などの機能を付加する設備の3要素から構成されます。

効率的に空間を配置するためには，居住空間以外をできるだけコンパクトに納める必要があります。

一般的に，建築設備の配管は，パイプスペースと呼ばれる縦方向に貫通したシャフトから各階の天井内で水平に分岐され，各部屋に分配されます。このとき，邪魔になるのが梁です。梁との干渉を避けるため，配管を梁の下を通すと天井内のふところが大きくなり，天井が下がり，非効率な空間形成になってしまいます。

そこで，梁に貫通孔（スリーブ）を設け，その孔に設備配管を通すことで，コンパクト化しているのです。

しかしながら，単に梁に孔を開けるだけでは，そこが梁の弱点となり，地震時に建物に必要な強さや変形性能を発揮できなくなってしまいます。

そこで，補強を行い，無開孔の梁と同等の性能を確保します。具体的には，鉄筋コンクリート造の梁では，貫通孔の周囲に密に鉄筋を配置し，鉄骨造の梁では，貫通孔の周囲に鉄板をあてがいます。

このようにして，ホテルなどでは工夫を凝らし，芸術的な配管の納まりを実現しているのです。

（西崎隆氏）

建物を経済的につくるために，構造上不利となる梁貫通は避けて通れません。とくに大梁に設ける梁貫通は，地震時に塑性化するため，その影響を考えなくてはなりません。

鉄筋コンクリート造の場合，一般的なルールは次の通りです。スリーブ径は梁せいの 1/3 以下，スリーブ位置はスパンの両端部 1/4 を除いた範囲，スリーブ間隔はスリーブ径の 3 倍以上です。

スリーブの径や位置については，建物の計画に大きく影響を及ぼすため，設備設計者と早い段階から調整することがとても重要です。それによって，躯体に関わる階高やスパン，梁せいなどが決まってきます。

最近では，既製品のスリーブ補強を用いることで配筋作業の簡略化，スリーブ条件の緩和を図ることができます。各既製品スリーブ補強によって仕様が異なるため，都度確認が必要となります。

スリーブ補強を施工する際の注意点は，大きく次の三つです。

①スリーブ補強の設置向き，②かぶり厚さの確保，③スリーブ固定金物の防錆処理です。

梁へのスリーブが一般的といっても，躯体に弱点を設けていることから，躯体性能に及ぼす影響度がどの程度か把握しつつ，適切な対応が設計と施工の段階でも必要となります。

（長島英介）

梁貫通／スリーブとは構造体（梁）に設備，電気など配管用の孔を設けるための「孔」のことをいいます。構造体に孔を設けるために断面欠損となり，危ないイメージがあるかもしれませんが，決まりごとを守って孔を設ければ問題はありません。ここでは，決まりごとについて紹介します。

一つ目はスリーブ径（大きさ），適当な大きさの孔を設けてもいいわけではなく，RC 造梁の場合だと梁せいの 1/3 以下にする必要があります。

二つ目はスリーブ位置（上下方向），梁の上過ぎたり，下過ぎたりしますと，コンクリート部分がほとんど残りませんので，基本的に梁せいの中心位置にくるように設定します。

三つ目はスリーブ間隔（水平方向），スリーブ孔を連続して設けますと長い孔となり，コンクリート部分がほとんど残りませんので，隣り合う孔径の平均値の 3 倍以上の孔中心間隔を確保します。

孔を設けた部分には補強筋を配置して，梁の耐力を確保します。

施工が簡単である既製品による補強もあり，各工法の条件に応じてスリーブ検討を行います。

（安野 郷）

102

振動台

Vibration Testing Machine

IX章

その他

振動台は主に観測された地震動を再現して体感したり，振動台に建物を模した試験体を置き，実際の揺れ方・壊れ方を確認したりすることに用いられます。人が乗って地震動を体感できるものから，大きいものは実大の建物を乗せて破壊実験できるものまでサイズはさまざまです。

また，振動する方向に関して，水平方向一次元の揺れから，水平面内の二次元，水平面と鉛直方向の三次元の揺れを再現できるものまであります。

大きいものでは兵庫県三木市の防災科学技術研究所のE-ディフェンスがよく知られており，振動台の大きさは15m×20mにもなります。

振動台施設は，振動台，基礎および加振機，そして加振機を作動させたり計測したりする関連設備から構成されます。加振機は振動台と基礎の間に取り付けられ，油圧制御によって振動台を動かします。

その時に生じる振動台からの反力は，加振機を経由して基礎部分に伝わります。基礎は揺れによって生じる反力を受け止めるため，十分な大きさと重量を有している必要があります。

実際に発生した地震動を再現し，体感できること，建物を揺らして破壊までのプロセスを検証できるなど，地震国である日本においてその利用価値は大変高いものとなっています。

（石田大三）

振動台は，試験体をその台の上に載せて，左右あるいは左右と同時に前後や上下方向に加速度を伴って揺らすことができる装置や施設のことをいいます。建築構造の分野で行われている破壊実験のほとんどは静的加力によるもので，載荷速度がとてもゆっくりで，慣性力が実験に影響しないように行います。

この方法は，試験体の破壊過程が詳細に確認できるため非常に有用で，建築構造の規基準は基本的には静的加力実験による研究成果に基づいています。

一方，振動台を用いた構造実験では，過去に発生した実際の地震動を模するなどして試験体を揺らし，静的加力実験では得ることができなかった地震時の構造物の挙動を知ることができます。

現在の日本を代表する振動台は国立開発法人防災科学技術研究所が所有する同研究所兵庫耐震工学研究センターの実大三次元震動破壊実験施設（E-ディフェンス）であり，世界一の規模を誇っています。

文部科学省ホームページによると，E-ディフェンスは，実際の構造物が地震の際に「どう壊れるか」「どこまで壊れるか」「なぜ壊れるか」を明らかにすると謳われており，地震被害軽減のための研究が進められています。

（逢坂博文）

振動台は，建物や建物の一部を起振機の上の台に置き，地震などの揺れを与えることにより，地震時の挙動を把握し，耐震性能の確認を行うための装置です。

振動台を地盤に見立て，その上に実物大建物または縮小モデル，あるいは建物の一部を乗せ，実地震記録波形または人工地震動波形の地震を受けた際の，建物全体，柱や梁や壁などの構造材，外壁や天井などの安全性，家具の転倒やすべりなど，挙動や体感を調べることに利用しています。

国立開発法人防災科学研究所のE-ディフェンスのような超大型の振動台から，トラックに組み込まれ地震の揺れを体験できるようなもの，さらに台車のような大きさのものもあります。大型の振動台では，前後左右と縦方向に，さらに三方向の回転も加えて揺らすこともできます。

実物大あるいはそれに近い振動実験を行うことで，非常に多くの貴重なデータが蓄積されてきています。建物全体の地震時の挙動から，コンクリートのひび割れの進行，鉄骨材の破断，さらには天井を止めているねじ・ビスのはずれまで，実際に確認できています。これらの結果をコンピュータ計算の結果と比較することで，計算の精度や計算モデルの改善にも役立っています。

台の下の力持ち（アクチュエータ）を開発する人の努力に，ただただ頭が下がります。

（中村俊治）

建 築 構 造 用 語 事 典 Ⅱ　233

103 風洞実験

Wind Tunnel Test

IX章

その他

風洞実験とは，風洞（人工的に作った風の通り道）に実際の空気の流れに相似した気流を作り，風洞内に建築物（煙突，鉄塔，広告塔なども含む）に模した模型を設置し，それらの周辺気流，それに働く風力，振動などを測定し，実際の建築物のそれらの数値を予測し，設計などに役立てることを目的として行うものです。

建築物では，超高層ビルの建物全体に作用する風外力，外装の風圧力，建物全体の空力不安定現象，風外力による動的振動（模型を実際の建築物の振動時性状に合わせ空力振動実験），建物の振動による居住性（強風時にビルが揺れ，不快感，不安感を感じないように検討する），ビル周辺の風環境（ビル風による風害），大空間構造（屋根荷重），陸上競技場やサッカー場の屋根，大規膜構造などの風外力のほか，TV塔，鉄塔，風力発電塔，観光タワー，吊り構造などの風荷重が風洞実験の対象になっています。

そのほか土木構造物では，吊り橋の風よる振動現象を検討するために，風洞実験が行われています（明石海峡大橋支柱の径間距離は1,991mで，大型の風洞実験が行われました。）。

なお近年では，さまざまな風外力，振動現象を把握するために，コンピュータを使ったシミュレーション解析で風洞実験と同様な結果を得ることが一部で行われています。

（鵜飼邦夫）

風が吹いて建物に当たると，風圧力という力が発生します。この風圧力は，地域や建築物の高さ，形状，周辺の環境によって変化しますが，多くの建築物では，過去のデータをもとに風圧力を推定することができます。

しかし，形状が特殊な場合や周辺に高層建築物がある場合，また，地形が特殊な場合は，風の流れが複雑になり，風圧力を理論的に算出することや，過去のデータをもとに推定することが困難になります。

特殊な形状とは，たとえば，高さの高い像などのほか，幅に対し高さが4倍を超える建築物などがあります。また，地形が特殊な場合とは，傾斜地や尾根状の地形が考えられます。

このような特殊な条件がある場合，建築物周辺を流れる風は，渦を生じたり，速くなったりして，風向き方向の風圧力だけではなく，直交方向の風圧力や，ねじり風圧力が作用し，建築物に不安定な振動を誘発したりします。

このような場合，設計対象の建築物のみでなく，周辺の建築物や地形を含めて模型を作成し，実際に風を当て，風圧力の評価，応答の評価，空力不安定性の評価などを行います。このような方法で，評価，確認することを風洞実験といいます。

（小松茂一）

風洞実験は，建物が受ける風速や気流などの風に関するさまざまな性状を把握するため，あるいは建物周辺や敷地内に及ぼす風環境の変化を把握するために実施します。

実験方法は，半径数十〜数百m規模の建物周辺の街並みの縮小模型を作成し，その模型に風洞装置で発生させた人工気流をさまざまな角度から作用させます。そこで得られた実験結果より，風に関する性状や風環境の変化を評価します。

この実験で用いる人工気流は，近傍の気象台で蓄積された観測データを活用することや，（一社）日本建築学会の「建築物荷重指針・同解説」の地表面粗度区分を参考として，建物に作用する自然風に模して作成されます。

また，縮小モデル側には各測定点に風速計を埋め込み，風速を同時に測定することのできる多点風速測定システムを採用して，風速の総合的な評価を行います。実験結果の表現方法ですが，測定した風速値をそのまま用いることもありますが，ある測定点での風速を基準とした風速比として表現することが多く，一般的のようです。

高層ビル群で問題となるビル風について，その影響の有無を風洞実験により評価する場合，風速比だけではなく，どのような風がどの方向からどれ位の頻度で吹くかなど，自然風の性質も考慮することが重要となります。

（竹島 剛）

建築構造用語事典 II　235

104 組積造
Masonry

組積造は，煉瓦または石，コンクリートブロックなどを積み上げて作る建築物の構造のことです。地震のない国において，煉瓦などの比較的大きな圧縮強度に期待して発達した構造です。地震の多い日本では，過去に多くの地震被害例があり，現在では，小規模あるいは特殊な用途に使われています。

煉瓦やコンクリートブロックを積んだだけでは，構造的に弱く，水平方向の外力を受けて崩れる危険性があります。そこで原則として，施工方法，壁の長さ，壁の厚さ，臥梁等の制限が設けられており，たとえば壁の厚さは建物の階数および壁の長さによって変わります。階数が高くなると重さが増すので，壁を厚くして耐えるようにします。また，壁の長さが長くなると，横に倒れようとする力が増します。鉄筋などで補強すれば倒れづらくなりますが，無筋の組積造では壁を厚くすることで倒れづらくしています。鉄筋で補強する場合は，もともと穴の開いた部材を用い，その穴に鉄筋を通し，さらにその周囲にモルタルやコンクリートなどを流し込むといった方法が用いられています。

組積造は構造上，開口部を大きく取りにくい，高層建物とすることが難しいといったことがありますが，積み上げたものがそのまま仕上げとなり，美しく重厚感のある外観が躯体工事と同時に実現できるため，デザインの観点から採用されることも増えてきています。

（増田寛之）

Ⅸ章
その他

組積造は，ブロック状の部材を積み上げる塊状・壁状の構造です。重力などの鉛直荷重に対して，圧縮力，地震などの水平荷重に対して，主にせん断力や摩擦力で抵抗します。

たとえば，切石を角錐上に積み上げたピラミッド，日乾・焼成煉瓦を階層状に積み上げたジッグラト，石や土を半球・階層状にしたのはストゥーパです。ロマネスクやゴシックの教会堂は，切石や煉瓦を搭状に積み上げた組積造です。構造材料の大きさや重さを大きくして自重を増すことにより，水平荷重が作用しても引張力が生じない構造システムとなっています。また，組積アーチ・ボールト構造や組積ドーム構造は，石や煉瓦を上に凸の弧状に積み上げて水平方向へ力を伝える構造です。

平面状の壁による組積造もあります。これは厚みのある壁状の塊で，鉛直・水平方向に力を伝える構造システムです。石材や煉瓦を積み上げた厚い壁の万里の長城や，教会堂で側圧に抵抗する控壁（buttress），コンクリートブロックの空洞部に鉄筋を入れて補強した補強コンクリートブロック造などです。

近現代の建築にも多数あります。力学的な形状のガウディのサクラダ・ファミリア教会，フランク・ロイド・ライトの作品群，コンクリートブロックを用いた安藤忠雄のTIME'Sなど。

組積造は，同形状の制限のある単体を積み上げていくことで整合性をもった一つの全体を作り上げます。

（伊藤栄治）

組積造の特徴は，長期的には圧縮力が支配的な応力場を形成して積み上げて作られたものとなっています。

ただ，地震が多い国では水平力による引張力が発生することで，目地が弱点となるため，地震の少ない西欧などの地域に，歴史的な建物が多く残存していることになります。

最近では，煉瓦造の歴史的な建物や倉庫などを利活用して，地域活性化が行われたりしています。

主な補強の内容は，面外応力への対策となり，内部に鉄骨フレームを構築して支えたり，壁頂部からの崩壊を避け，面外の応力を直交方向の壁に力を流して負担させたり，自立壁としてかかる応力を鋼棒で処理したり，その他いろいろな補強方法に対する研究などの取組みが行われています。

また，面内方向の耐震性能は，目地のせん断強度に依存しますが，目地の強度は時代や地域性などにより，砂とモルタルの分量が違うため，実際の建物でせん断強度を測定することも重要な調査となります。

施工時には，煉瓦の吸水性への対策も重要となります。

（炭村晃平）

105

ピアレビュー

Peer Review

IX章
その他

ピアとは，同僚・仲間を意味し，一般的には，評価対象について専門的・技術的な共通の知識を有する同業者・同僚によって行われる評価・審査をいいます。

建築構造設計の分野では，より設計の質を高め安全性を確実にするには，高度な専門的知見に基づき設計内容を評価することが必要なため，実績と経験の豊かな構造設計者が，中立的な立場で設計内容を吟味し，問題点や課題の抽出を行い，必要な助言，勧告を行うことがあります。

JSCAでは，会員の設計内容をレビューし，必要な助言や提言をすることにより，その設計の信頼度を高め，急速に進歩，多様化する建築構造技術などに対応するため，構造レビュー委員会を設け活動しています。この委員会では，設計に先立つ事前調査に関する事項や，既存建築物の検討事項のレビューも行っています。

2005年に発覚した構造計算書偽装事件当時，実施された既存マンションなどの構造計算書のチェックや，その後の建築基準法の改正により制度化された構造計算適合性判定も，ピアレビューといわれることもありますが，これらは正しくはピアチェック，ダブルチェックです。

（近藤一雄）

40年ほど前の経験では，見積部署ではそろばんを使い，集計は二人の人が同じプロジェクトの集計をしていました。二人で同じことを行うことで，誤りは極端に減少することを聞きました。

ピアレビューとは，専門的・技術的な共通の知識を有する同僚・同業者によって行われる評価や審査で，一般に，高度な専門的知見に基づき評価対象の質を適切に評価することが必要な場合に用いられます。

冒頭に述べました見積部署での二人の人で行う集計は，広い意味合いにおいて，ピアレビューと考えられます。

構造設計は，建築主の要望する建物の基本計画に基づき，安全性・経済性を備え，社会資本となるべき建築の構造計画から実施設計を行うことを担っています。

専門的知識や技術に裏付けられたプロセスを踏み，設計を進めます。したがいまして，各段階において，十分な判断を積み重ねる必要があります。

この成果に対してピアレビューの概念より，同僚・同業者の評価や審査を行うことは，建物の価値の向上につながるものと考えられます。

（北條稔郎）

Peer（同僚，仲間，年齢・地位・能力などが同等の者など）による review，すなわち「専門家仲間が研究内容を吟味すること」で，建築の構造設計に当てはめると，「構造設計の専門家が中立的な立場で設計内容を吟味し，必要な助言，勧告を設計者に行う行為」となります。

2005 年 11 月に発覚した構造計算書偽装事件がきっかけで，その再発防止策として"構造計算適合性判定制度"ができましたが，この制度の整備途上で米国のピアレビューなどが参考として議論され，構造設計の分野でもピアレビューという言葉が身近なものになりました。

現状の構造計算適合性判定制度は，構造計算の法適合確認を専門家羈束（きそく）行為として行う制度で，"ピアチェック"と呼ばれます。

これに対して JSCA は「将来的には構造設計内容の審査は（設計者とレビュアーが対等の関係にある）ピアレビューがよい。」また，「法適合確認が慎重に行われ且つ創意工夫を盛り込んだ設計が可能となることが本来の姿であり，適合性判定を受けることが建築主や社会さらには設計者にとっても有益となるような制度にすべき」と主張しています[1]。

（多賀謙蔵）

1) 金箱温春他：構造計算適合性判定制度の改正の意義と今後の展望，建築技術2015年9月号

106

BIM

**Building
Information
Modeling**

Ⅸ章

その他

BIM とは，ビルディング インフォメーション モデリングの略称で，直訳すると「建物を情報で形成する」となります。

日本における BIM の導入は，一般に BIM 元年と呼ばれる 2009 年頃から始まり，当時は主に組織設計事務所やゼネコンの設計部での利用が中心でした。

BIM はコンピュータ上に作成した 3 次元の建物モデルに，意匠・構造・設備の情報はもとより，コストや仕上げ，管理情報などのデータベースを盛り込むことにより，一つの BIM モデルで建築の設計，施工から維持管理に至るまでのあらゆる工程の情報を管理することが可能です。

これまで設計者は，2 次元の図面を基に，建築主に建物の完成イメージを伝えてきましたが，建築に関する専門教育を受けていない者にとって，2 次元の図面から 3 次元の建物形状を想像することは，容易ではありません。

一方，BIM 3 次元モデルを使えば，リアルな建物形状を容易に想像することができるため，建築主との合意形成にも効果を発揮します。

また，設計者の頭の中にあるイメージを早期の段階から関係者間で共有できるため，質の高い建物を実現することも可能です。

（貝谷淳一）

BIMは（Building Information Modeling）の略で建物の情報を専用のプログラムを使用することにより、3次元で表現する方法のことです。

従来、建物の情報は設計図という2次元での表現が主でしたが、BIMを使用することで、建物の情報を3次元で立体的に把握することができるようになりました。

BIMには設計上の意匠・構造・設備の情報を統合することができますので、梁と設備配管の干渉を確認したり、建物の細かい納まりを立体的に検討することが可能となります。また、建物を立体的に把握することで、建物の施工方法を検討することにも効果を発揮します。

最近では、BIMの情報を3Dプリンターにより模型として出力することで、図面ではわかりにくい詳細部分の検討を容易に行うこともできるようになっています。

このように、BIMは建物の設計業務の効率化に大きく寄与するとともに、これからの建築設計・建築施工を大きく変革するものになっていくことでしょう。

（大川正明）

Building Information Modelingの略称であり、コンピュータ上に作成した建物の3D形状データに、室名、面積、材料・部材の仕様・性能、仕上げなどの属性情報ももたせて建物情報モデルを構築することです。

BIMのメリットは、大きく二つ挙げられます。1つ目はコミュニケーションツールとしての活用です。3Dで「見える化」することにより空間が理解しやすくなり、また、音や気流などの動きのシミュレーションを可視化することも可能となり、設計段階において建築主と設計者の合意形成がしやすくなります。また、構造部材と仕上材や設備配管との干渉チェックも簡単に行えるため、意匠・構造・設備の調整がしやすくなります。施工段階においては、施工者と専門業者が一堂に会して3Dモデル上で納まりやディテールを確認、調整し、情報共有できます。

二つ目は生産性の向上です。鉄骨製作図を例にとると、従来、構造計算→構造図作成（2D）→鉄骨製作図作成（2D）の直列作業であったものが、構造設計データ→BIMモデル作成→施工者や専門業者が早期参画し、生産情報を盛り込み施工BIMモデル作成→製作図（2D）切り出しの手順となり、設計者・施工者・専門業者が並列作業をして、最終的に重ね合わせて整合の取れたBIMモデルを作り込むことにより、後戻りのないもの決めや工期短縮が可能となり、生産性の向上が図れます。

（慶 祐一）

建築構造用語事典 II　　241

107 | ⌇⌇⌇

構造ヘルス モニタリング

Structural Health Monitoring

IX章
その他

一般的に建物の健全性診断は，竣工後数年ごとに行われる定期点検や大地震や火災などの被災時に行われる緊急点検などが，構造技術者の目視によって行われてきました。

しかし，構造技術者が構造物を一つ一つ詳細に点検するには膨大な時間とコストが必要となり，災害時など一度に大量の建物を短時間で診断する必要がある場合に，対応が困難となることが予想されます。また，目視点検では内装材や耐火被覆などで覆われた構造部材を直接点検することは困難です。

そこで，建物にセンサーなどの計測機器を設置し，大地震や強風などが発生した際にセンサーから送られてくる観測値を分析することで，構造物に蓄積された損傷の程度を把握し，短時間で建物の健全性を判定する技術のことを構造ヘルスモニタリングと呼びます。

用途としては，小さな地震や常時微動を観測することによる平常時における建物性能診断，災害直後の被災状況判定，常時のデータを継続的に取得・分析することによる建物の経年劣化診断などが考えられます。

目視点検，非破壊検査との違いは，これらの検査は定期的かつ断続的な検査であり，計測機器のオペレーションに人間を介するのに対し，構造ヘルスモニタリングの場合は継続的・連続的な測定ができ，観測値の取得に人間を介さないため，判定のばらつきを抑制できます。

（金田興熙）

大地震が起こった後の安全性の判定は，専門の知識をもった技術者（応急危険度判定士）が，被災した建物の柱や梁，壁などの外観に加えて，周辺の状況を確認し，余震などによる倒壊や落下物の危険性を判定することが一般的ですが，技術者の数が限られていること，判定が必要な建物が多数ある場合には，スピーディーな対応が困難となる場合があります。また，調査が目視に限られるため，技術者の所感により，判定がばらつくこともあります。

近年，センシング精度の向上，データ通信の大容量化，コンピュータの演算能力の急速な発展により，あらかじめ建物にセンサーを設置して，地震が起こった際に建物の揺れ具合などを計測し，その情報をコンピュータに送り，素早く建物の損傷を計算し，安全性を判定することが可能となってきています。

この判定システムを構造ヘルスモニタリング（システム）といい，建物だけでなく，トンネルや橋，鉄道のなどのインフラ施設などにも広く導入されるようになっています。

センサーは地震による揺れを測定する地震計が一般的ですが，建物のひずみや，音を検知し，地震計による揺れと合わせて総合的に判断するようなシステムも開発されています。建物を設計した時の詳細なデータがあれば，非常に精度よく，建物の損傷を計算し，安全性を判定することが可能となります。

（伊藤祥二）

建物の各部に地震計などの計測機器を設置して，地震発生時，建物の変形，加速度などのデータから建物の被災状況を即時に見やすく表示することにより，建物の耐震安全性や被災の状況を迅速に判定できるシステムで，設計事務所やゼネコンなどで開発が進み実用化されつつあります。

地震や自然災害が発生したときの事業継続計画（BCP）が，多くの企業で策定されていますが，構造ヘルスモニタリングは，その一環ととらえることができます。

従来であれば，地震発生後の建物の被災度の判定は，①専門家への調査依頼②現地調査③調査結果の分析④被災度判定という手順が必要でした。しかし，大都市で地震が発生した場合や大規模地震の場合，被災建物は膨大な数になり，即座にすべての建物に対応することができなくなります。その結果，避難指示の遅れ，あるいは事業再開の遅れにつながることが予想されます。

このシステムを導入することにより，専門家の判定がまったく不要になるわけではありませんが，被害状況がわかりやすく表示されますので，ある程度の範囲であれば専門家でなくても状況を把握することができるようになります。そして，避難指示，建物の継続使用の可否など，建物の所有者あるいは管理者がとるべき行動を即座に判断することが可能となります。

（緑川 功）

108

PML

Probable Maximum Loss

IX章

その他

PML（Probable Maximum Loss：最大予想損失額）は，元々アメリカで発祥した火災保険の保険情報の一つです。

日本の建設業界では，PMLなどの指標が広く利用されているわけではありませんが，近年企業のリスクマネージメントや不動産の資産評価などにおいて，地震危険度の指標としてPMLが頻繁に用いられるようになりました。

これにともなって，建築主から設計者にPMLの提示を求められることが増えています。

たまに耐震診断と混同されて，「耐震診断の結果に問題はなかった」としてPMLレポートを提示されることがありますが，PMLと耐震診断はまったく別のものです。

PMLを簡単にいえば，「PML（%）＝補修工事費÷総建て替え工事費」といえます。

PMLが20%を超えると，格付機関が地震保険を付保する要請をするとのことから，PML値20%が判断基準とされていますが，PML値が20%超だから危険ということではありません。

また，PMLの算出方法は建設会社やエンジニアリング会社が独自に開発したもので，統一性のあるものではありません。

（中村匡伸）

PML（Probable Maximum Loss：予想最大損失率）は，米国で火災保険の保険情報として生まれた概念です。その後，地震や津波などの巨大災害のリスク評価に設定されるようになり，不動産（建物）の資産価値を評価する指標としても設定されるようになりました。ここでは，地震に対するPML（地震PML）について説明します。

建設，不動産業界で用いられるPMLの一般的な定義は，「再現期間475年相当（50年間で10％を超える確率）の地震動に対して90％非超過確率に相当する物的損失額の再調達価額に対する割合」とされています。要するに，「新築に10億円かかる建物がある地点に建設され，その地点で予想される最大規模の地震（再現期間475年相当）が発生したときに，その建物の被害金額（補修等の金額）が90％の確率で1億円以下となると予想されるとき，その建物のPMLは10％となる。」という意味です。

PMLの計算は，①建設地点で予想される最大規模の地震を設定すること，②最大規模の地震に対する建物の最大応答値を推定すること，③建物の最大応答値と被害額の関連付けること，というプロセスを実行することになりますが，とくに「③最大応答値と被害額の関連付けること」については標準的手法が定まっておらず，評価者の独自手法に頼らざるをえないのが実情で，標準的手法の確立が課題です。

（柳澤信行）

PML は，確率的な手法を用いて建物の耐震性を評価する指標の一つです。リスクマネジメントが重要視される社会環境のなか，保険，不動産，金融といった業界では評価指標として定着してきています。

建物に最大の損失をもたらす大地震（再現期間475年）を予測し，その地震による被害の物的損失額（構造体，仕上材，設備機器を含め，元の状態へ戻すのに要する補修費）を，再調達額（新築する場合に要する工事費相当）に対する比率で示します。

地震が起きても建物が無被害なら0％，逆に倒壊してしまうと100％と評価されるわけです。PMLの値が小さいほど，地震によって建物の被害を受けるリスクが小さいことを意味しますが，PMLが10％以下だから安全，20％を超えるから危険ということにはなりません。

耐震性を評価するといいましたが，あくまでも物的被害額をベースとした指標なので，建物の強度を一定の基準で判断する耐震診断とは少し異なっています。

通常，耐震性が劣るとされる1981年以前の旧耐震基準で設計された建物では，20％を超えるケースが多くなることが知られており，耐震性の有無を判断する目安となっています。

建物を証券化する際に，PMLが適正な値となるよう耐震補強を行えば，不動産価値の低下を防ぐことにつながります。

（秋田　智）

建築構造用語事典Ⅱ　245

あたり（をつける）
オーダー
ぬすみ／あそび

番外編
109〜111

109

あたり
（をつける）

Atari

Ｘ章
番外編

これぐらいの規模の建物で，このスパンならどれくらいのサイズの柱が必要だとか，耐震壁を何枚設ければ，せん断力を100％負担させられるかなど，詳細な検討に入る前におおよその結果を予想し，計画の妥当性を繰返し確認する作業を「あたりをつける」といいます。

ものごとの方向性をあらかじめ見定め，それから詳細を詰めていくのが手戻りのないやり方ですが，日常生活においてもおそらく無意識のうちにしている行為だと思います。

たとえば，旅行などの計画を立てる場合，目的地に車で移動しようとすると，このルートを通れば途中で渋滞に巻き込まれても，この時刻までには到着できるだろうと予測して，タイムスケジュールを決めていきます。これが行き当たりばったりだと，旅行の計画そのものが立てられません。

旅の場合は，予想外のアクシデントを楽しむ目的で，行き当たりばったりの旅をすることもありますが，構造設計においては「あたりをつける」ことなしに設計することはあり得ません。協業している他のプロジェクトメンバーに迷惑がかかるだけでなく，設計者としての信頼を失うことにつながります。

「あたりをつける」ことにより，設計者のスキルは向上します。各段階で一つひとつ微修正を繰り返しながら精度を高め，自分の考える構造計画を実現していくとよいと思います。

（山浦晋弘）

「あたりをつける」はとくに建築構造用語かというと，そうでもないように思います。何かの数や量のおおよその値を推測することを「あたりをつける」といいますよね。たとえば，講習会を企画するのにどれだけの予算がかかるかあたりをつけておくとか，その会場を予約するのに参加人数のあたりをつけておかなくてはいけないとか。

建築構造の世界であたりをつけるというと，柱や梁の部材の寸法を概算することを指すことが多いように思います。建物の仕上げや用途から大まかな荷重を算定し，階高やスパンからだいたいの応力を算定したうえで，部材の断面寸法がどれくらいになるかを算定します。

コンピュータを用いて建物全体をモデル化するのではなく，今までの経験を生かして，建物の単位面積当たりの重量や各階の応力状態を仮定して，電卓一つで断面寸法を推定するイメージです。最近は，こういうことをいうと若い人たちからは，「古い！」といわれそうです。コンピュータのIOシステムが格段と便利になり，比較的簡単に建物全体をモデル化して，変形も含めた解析結果を確認できるため，電卓一つでつける「あたり」とは比べ物にならない精度で，あたりをつけることが可能になりました。ただ，まだまだ現場で電卓一つで対応を求められるシーンがなくなるには時間がかかりそうなので，経験に裏付けられた「あたり」をつけれるよう，研鑽に努めたいと思います。

（嶋﨑敦志）

日常生活でも，見当をつけることをあたりをつけるといいますが，構造設計では本格的な解析に先立って，ざっくりと数値や性状を捉えるときに使います。

コンピュータの進化で，どんな複雑な形態も解析が可能になりました。でも複雑な架構ほど，あらかじめ応力や変形，必要な部材サイズのあたりをつけておくことが大切です。道具はせいぜい電卓で，有効数字は3桁ぐらいでいいでしょう。基本的な数式を使って計算をしようとすると，架構全体を遠目で見て，大局的に捉えなければなりません。それがすっきりした構造計画につながります。またコンピュータを使って構造設計を進めるときに，致命的なミスを防ぐことができます。

意匠設計者や施工者との打合せでも，あたりをつけるスキルが必要です。「明日，正確な数値をお答えします」というより，プロならその場で，公式や図表がまとめられたポケットブックを片手に電卓を叩いて，「○○cmぐらいでいけそうです」と答えたいものです。そうすると打合せがテンポよく進み，現場監督も解決の目処が立つので，すぐに段取りにかかれます。

構造設計の諸規準は研究成果を反映して，改定を重ねるたびに複雑になっています。コンピュータ利用を前提に，設計式のパラメータの数が増え，直感を働かせにくくなったと感じます。過去のシンプルな規準書を読むと，「そのこころ」を知ることができて勉強になります。

（桝田洋子）

建築構造用語事典 II

110 オーダー
Order

もう40年前の話になりますが、大学の講義の中で、ある恩師の先生が「建物は、応力のオーダーが1割違っても大丈夫だが、一桁違うと確実に壊れる」とおっしゃったことを今も鮮明に覚えています。卒業後、構造設計者として建築設計の仕事に携わってきましたが、オーダーの確認だけは怠らずやってきました。

オーダーの確認といっても、難しいことをするわけではありません。それこそ手計算により電卓で、「あたりをつける」レベルです。応力にせよ、変形にせよ、自分が今やっている詳細な計算が手計算とオーダーが合っていることを確認することにより、計算ミスを未然に防ぐことができます。

一方で、建築の世界にSI単位系が導入されたことにより、応力度の単位がN/mm^2で表記され、数値の桁数が桁違いに増えてしまいました。その結果、直感で数値の大きさを把握し、工学的判断をする機会を構造設計者から奪ったばかりか、計算ミス（とくに桁の間違い）を引き起こしやすくした影響は否定のしようもありません。

何かにつけ、細部に夢中になるあまり、全体像を見失いがちです。オーダーチェックは、計算ミスだけでなく、数値に対する直感を養う有効な手段です。面倒とは言わず、習慣づけることを推奨します。ちなみに私は、身体に染みついた従来単位系に必ず戻してオーダーチェックをしています。

（山浦晋弘）

X章
番外編

「**オ**ーダー（order）」：辞書で調べると、さまざまな意味があります。命令、指示から始まり、順序、順番と続き、20番目ぐらいに数学用語として、位数、次数、階数というのが出てきました。多少判断に迷うところではありますが、ここでいう「オーダー」は、このことだと思います。つまり、数字の位、桁のことで、「オーダーをおさえる」ということは、桁違いの答えになっていないかを確認することをいいます。

オーダーを外してしまう原因は、いろいろ考えられますが、最も多いのは単位の間違いと、構造解析モデルの境界条件の間違いではないでしょうか。長さの表示は、場面に応じて mm だったり m だったりします。荷重は慣例的に 1 m² 当たりの荷重で示されることが多いかと。ただでさえ間違いやすい状況に、ベテランの技術者には SI 単位が重くのしかかります。支点がピンなのか固定なのか。立体モデルになると 6 方向の境界条件に注意を払わなければいけません。また、複雑なモデルになると、思わぬ節点が止まっていて、応力や変形がオーダー違いになったりします。

これらの間違いを防ぐには、まずは色々な事象に対して自分のオーダーを身に着け、それと異なった答えが出たときは、応力図や変位図を徹底的に確認することが必要です。ただし、自分のオーダーが正しいとは限らないので、常に慎重であることが大切です。

（嶋﨑敦志）

オーダーとは 1、10、100 という「桁」を意味します。構造事務所での修行時代、師匠はちょっとした計算に計算尺を使っていました。計算尺では計算結果は頭から有効数字 3 桁しか出てこないので、常に位取りの確認が必要です。だから桁を間違えることはないけれど、電卓は違うので気をつけるようにと教わりました。

人間なので計算ミスはしてしまいます。問題はミスをすることではなく、ミスに気づかないことです。「オーダーが合っているか」という小まめなチェックは、大きなミスに気づく有効な手立てです。この場合の「オーダー」は「相場」という意味です。たとえば、地震力を算定するための建物重量を床面積で割ってみて、木造住宅なら 2kN/m²、RC 造なら 10kN/m² というオーダーかどうか。外れていたらどこかが間違っているのです。そのような押さえておくべき勘所は経験を重ねるうちにわかってきます。

解析ソフトのアウトプットも鵜呑みにせず、要所を手計算であたってオーダーを確認しておくと、大きな手戻りを防ぐことができます。

打合せの場でも、オーダーという言葉は使います。たとえば意匠設計者が、この柱の見付けは極力小さくしたいという場合に、「どのぐらいのオーダーですか？」という聞き方をします。小さいという感覚は人によって違うので、相手のレベル感を掴んでおきたいからです。

（桝田洋子）

111

ぬすみ／あそび

**Nusumi/
Asobi**

「**ぬ**すみ」（盗み）を働いたり，「あそび」（遊び）に夢中になっていると聞くと，良い印象は受けません。非難されるだけならまだ許せますが，最悪の場合，処罰を受けることになります。ところが，建築の世界では，むしろそれらが許され，歓迎されているのです。

建築でいう「ぬすみ」とは，サッシやインターホンなどを躯体に取り付ける際に，施工上あらかじめ設けておく欠込みを意味します。これに対して，所定の寸法以上に躯体を大きく施工することを「ふかし」といい，「増打ち」または「打増し」と呼ぶこともあります。これらは対極の関係にあり，いずれもいわゆる建築的な納まり上の配慮から行うものです。一般的には，RC 造でふかし（増打ち）寸法が 50〜100 mm 以上になる場合，その部分にひび割れが生じる可能性が高くなるので，補強筋を入れて対応します。

一方，建築でいう「あそび」は，納まり上必要な寸法上のゆとりを意味し，これを確保しないと建具がスムーズに開閉しなくなったりします。ただし，部材接合部などでこうした「あそび」があると，所定の性能を発揮しないこともあり注意が必要です。ちなみに，「あそび」と類似した用語に「にげ」があります。こちらは躯体の施工誤差や仕上げ材の取付け誤差を吸収するためにあらかじめ設けておくクリアランスを指します。

（山浦晋弘）

X章

番外編

「**ぬ**すみ」は，構造用語というより，意匠設計もしくは建築施工用語の部類だと思います。仕上げの見栄えや施工上の納まりの理由で部材に欠損部分を設けることがあります。文字どおり，部材の断面を盗んでいくのです。構造技術者としては，その理由を納得したうえで，対策を講じる必要があります。盗まれても大丈夫なように，あらかじめ断面を大きくしておくとか，盗まれた部分を補強するとか。大事なことは，「ぬすみ」を設ける理由が必然かつ合理的なもので，構造技術者が納得できるものであるということだと思っています。

一方，「あそび」は，構造的にもあらゆる場面で登場します。ボルト径とボルト穴がまったく同じでは，施工は不可能です。エキスパンションのクリアランスも必要寸法丁度では，施工誤差があった場合，クリアランス不足となります。難しいのは，この「あそび」を設計図でどれだけ表現するかということです。ボルト穴などは，当然，図面で明記します。免震構造の場合，施工クリアランスだけでなく設計クリアランスを明記し，施工後守らなければいけない寸法を示したりします。ただ，図面上の全ての寸法を，施工誤差を考慮した寸法で表現しようとすると，設計者の技量だけでは困難なうえ，設計段階での作業量が膨大なものになってしまいます。

「ぬすみ」も「あそび」も，施工者との協議により，合理的なものにする必要があります。

（嶋﨑敦志）

現場で職人さんが使う専門用語は，短くて歯切れがよくなければいけません。いろんな音を立てている現場でポンと相手に届かないといけないし，まどろっこしい指示では仕事のテンポも狂ってしまいます。ネコ，ウマ，トラといった動物の名前を使ったもの，殺す，盗む，地獄という物騒なものもあります。こういう言葉は教科書で勉強するのではなく，現場で笑われ，怒られながら教わるもので，自然に自分で使えるようになると一人前になった気がしました。

建築は精密機械ではありません。生きている材料を使い，多様な自然環境の下に置かれ，風や地震で動くものですから，後で不具合が生じないように，あらゆる想定をしておかなければいけません。

「あそび」は余裕をもたせるという意味です。建具の開け閉めのためには，敷居や鴨居に建具が動くためのゆとりが必要です。それが「あそび」です。木は乾燥すると収縮し，反ることもあります。鉄は温度変化で伸縮します。そういう材料の変化をどこかで吸収させるために，あらかじめ作っておく隙間を「にげ」ともいいます。仕事のアラを隠す知恵としてつける隙間もあります。「ぬすみ」はあらかじめ躯体に作っておく欠きこみのことです。コンクリートを打設する前に，型枠の中に細い桟や板を打ち付けておくと，型枠を外したときに，凹ができます。そこにサッシや仕上げを納めます。まだまだある，いなせな職人言葉を探してみて下さい。

（桝田洋子）

【執筆者紹介（50 音順）】
（所属は 2019 年 3 月 31 日現在）

青木和雄（あおき かずお）
㈱竹中工務店 大阪本店

秋田　智（あきた さとし）
㈱安井建築設計事務所

足立博之（あだち ひろゆき）
㈱三建構造

荒瀬　進（あらせ すすむ）
㈱大林組 大阪本店

石田健吾（いしだ けんご）
㈱ヤマダホームズ

石田大三（いしだ だいぞう）
㈱日建設計

伊藤　敦（いとう あつし）
㈱日建設計

伊藤栄治（いとう えいじ）
㈱安井建築設計事務所

伊藤祥二（いとう しょうじ）
㈱大林組 大阪本店

慶　祐一（いわい ゆういち）
㈱竹中工務店 大阪本店

岩佐裕一（いわさ ゆういち）
（一財）日本建築総合試験所 大阪事務所

上田博之（うえだ ひろゆき）
㈱竹中工務店 大阪本店

上田尚延（うえだ よしのぶ）
（一財）日本建築総合試験所 大阪事務所

上森　博（うえもり ひろし）
㈱日本設計 関西支社

鵜飼邦夫（うかい くにお）
KU 構造研究所

宇野綾真（うの りょうま）
㈱北條建築構造研究所

梅尾えりか（うめお えりか）
㈱三建構造

大植奈緒子（おおうえ なおこ）
㈱コンステック

大川正明（おおかわ まさあき）
鹿島建設㈱ 関西支店

逢坂博文（おおさか ひろふみ）
浅井謙建築研究所㈱

大﨑　修（おおさき おさむ）
㈲大﨑建築設計事務所

大住和正（おおすみ かずまさ）
㈱大林組 大阪本店

大谷康二（おおたに やすじ）
㈱日建設計

太田原克則（おおたはら かつのり）
㈱東畑建築事務所

大沼一広（おおぬま かずひろ）
㈱竹中工務店 大阪本店

岡田亮太（おかだ りょうた）
日本ヒューム㈱

岡田　健（おかだ けん）
㈱日建設計

奥出久人（おくで ひさと）
㈱竹中工務店 大阪本店

小倉正恒（おぐら まさつね）
（一財）日本建築総合試験所 大阪事務所

尾添政昭（おぞえ まさあき）
㈱三建構造

小宅正躬（おやけ まさみ）
日本ヒューム㈱

貝谷淳一（かいたに じゅんいち）
㈱能勢建築構造研究所

加登美喜子（かとう みきこ）
㈱日建設計

加藤裕造（かとう ゆうぞう）
加藤技術士事務所

金田興熙(かねだ こうき)
㈱Ks 構造設計事務所

神澤宏明(かみさわ ひろあき)
㈱鴻池組 設計本部

嘉村武浩(かむら たけひろ)
㈱日建設計

川口正人(かわぐち まさと)
清水建設㈱ 関西事業本部

岸本光平(きしもと こうへい)
㈱竹中工務店 大阪本店

北浦光章(きたうら みつあき)
三谷セキサン㈱

北山宏貴(きたやま ひろき)
㈱大林組 大阪本店

木下隆嗣(きのした たかし)
㈱東畑建築事務所

九嶋壮一郎(くしま そういちろう)
㈱竹中工務店 大阪本店

楠本 隆(くすもと たかし)
㈱安井建築設計事務所

倉長哲司(くらなが てつし)
㈱能勢建築構造研究所

越野栄悦(こしの えいえつ)
ジェイアール西日本コンサルタンツ㈱

小島直樹(こじま なおき)
清水建設㈱ 関西支店

古島正博(こじま まさひろ)
㈱大林組 大阪本店

小西淳二(こにし じゅんじ)
㈱長谷エコーポレーション

小松茂一(こまつ しげいち)
髙松建設㈱ 大阪本店

近藤一雄(こんどう かずお)
㈱東畑建築事務所

齋藤 順(さいとう じゅん)
㈱三建構造

坂田博史(さかた ひろし)
㈱建研 大阪支店

佐々木照夫(ささき てるお)
㈱竹中工務店 大阪本店

笹元克紀(ささもと かつのり)
㈱大林組 大阪本店

佐藤隆志(さとう たかし)
清水建設㈱ 関西支店

佐分利和宏(さぶり かずひろ)
㈱竹中工務店 大阪本店

澤井祥晃(さわい よしあき)
㈱竹中工務店 大阪本店

軸丸久司(じくまる ひさし)
㈱日建設計

嶋﨑敦志(しまざき あつし)
㈱大林組 大阪本店

島田安章(しまだ やすあき)
オリエンタル白石㈱ 大阪支店

島野幸弘(しまの ゆきひろ)
㈱竹中工務店 大阪本店

白髪誠一(しらが せいいち)
大阪工業大学

白沢吉衛(しらさわ よしえ)
㈱日建設計

須賀順子(すが じゅんこ)
㈱竹中工務店 大阪本店

鈴木昭司(すずき しょうじ)
SS 構造設計事務所

鈴木直幹(すずき なおみき)
㈱竹中工務店 大阪本店

炭村晃平(すみむら しょうへい)
㈱NTT ファシリティーズ

園田隆一（そのだ　りゅういち）
㈱安井建築設計事務所

多賀謙蔵（たが　けんぞう）
神戸大学大学院

竹内信一郎（たけうち　しんいちろう）
清水建設㈱　関西支店

竹島　剛（たけしま　つよし）
鹿島建設㈱　関西支店

田中政寛（たなか　まさひろ）
㈱山田建築構造事務所

田村浩史（たむら　ひろし）
清水建設㈱　関西支店

塚越治夫（つかごし　はるお）
㈱日建設計

塚本尚由（つかもと　なおよし）
㈱久米設計　大阪支社

辻　奈津子（つじ　なつこ）
㈱構造総研

冨澤　健（とみざわ　たけし）
㈱大林組　大阪本店

中川佳久（なかがわ　よしひさ）
ユニオンシステム㈱

長島英介（ながしま　えいすけ）
㈱NTTファシリティーズ

中濱賢一（なかはま　けんいち）
旭化成建材㈱

中平和人（なかひら　かずと）
㈱竹中工務店　大阪本店

中間清士（なかま　きよし）
㈱福井建築設計事務所

中村　篤（なかむら　あつし）
㈱大林組　大阪本店

中村俊治（なかむら　としはる）
（一財）大阪建築防災センター

中村尚子（なかむら　なおこ）
㈱安井建築設計事務所

中村匡伸（なかむら　まさのぶ）
㈱三建構造

中村吉秀（なかむら　よしひで）
㈱大林組　大阪本店

南利　誠（なんり　まこと）
㈱三建構造

西影武知（にしかげ　たけとも）
㈱大林組　大阪本店

西川大介（にしかわ　だいすけ）
㈱日本設計　関西支社

西崎隆氏（にしざき　たかし）
㈱竹中工務店　大阪本店

西本信哉（にしもと　しんや）
大成建設㈱　関西支店

西本　保（にしもと　たもつ）
オリエンタル白石㈱　大阪支店

野澤裕和（のざわ　ひろかず）
㈱竹中工務店　大阪本店

野村建太（のむら　けんた）
㈱山田建築構造事務所

野村　毅（のむら　たけし）
㈱能勢建築構造研究所

橋本宗明（はしもと　むねあき）
㈱北條建築構造研究所

波多野隆之（はたの　たかゆき）
㈱ジョインウッド

服部公一（はっとり　こういち）
ジャパンパイル㈱

花房広哉（はなふさ　ひろや）
鹿島建設㈱　関西支店

樋笠康男（ひがさ　やすお）
㈱長田建築事務所

日野浩之（ひの ひろゆき）
㈱東京ソイルリサーチ 関西支店

平石浩二（ひらいし こうじ）
㈱イオリ建築設計事務所

福井喜一（ふくい きいち）
壹福

福本勇介（ふくもと ゆうすけ）
㈱サムシング 大阪支店

福本義之（ふくもと よしゆき）
㈱大林組 大阪本店

藤井章男（ふじい あきお）
㈱ニュージェック 大阪本社

藤井彰人（ふじい あきひと）
㈱大林組 大阪本店

北條稔郎（ほうじょう としお）
㈱北條建築構造研究所

細野久幸（ほその ひさゆき）
信和建設㈱

前川元伸（まえかわ もとのぶ）
㈱竹中工務店

前田達彦（まえだ たつひこ）
㈱竹中工務店 大阪本店

増田寛之（ますだ ひろゆき）
㈱竹中工務店 大阪本店

桝田洋子（ますだ ようこ）
㈲桃李舎

松﨑　聡（まつざき あきら）
㈱北條建築構造研究所

松下直子（まつした なおこ）
㈱安井建築設計事務所

松原由典（まつばら よしのり）
㈱竹中工務店 大阪本店

松本忠史（まつもと ただし）
㈱竹中工務店 大阪本店

松本利彦（まつもと としひこ）
大和ハウス工業㈱

三井達雄（みつい たつお）
㈱大林組 大阪本店

緑川　功（みどりかわ いさお）
（一財）日本建築総合試験所 大阪事務所

屋宜　修（やぎ おさむ）
㈱構造計画研究所 大阪支社

安江　稔（やすえ みのる）
㈱三建構造

安野　郷（やすの さとし）
㈱鴻池組 設計本部

柳澤信行（やなぎさわ のぶゆき）
㈱竹中工務店 大阪本店

山浦晋弘（やまうら のぶひろ）
㈱安井建築設計事務所

山下靖彦（やました やすひこ）
㈱竹中工務店 大阪本店

山田細香（やまだ ほそか）
㈱山田建築構造事務所

山田能功（やまだ よしかつ）
㈱大林組 大阪本店

山中　聡（やまなか さとし）
㈱SD ネットワーク

山本康一郎（やまもと こういちろう）
㈱能勢建築構造研究所

横田友行（よこた ともゆき）
㈱能勢建築構造研究所

吉田　聡（よしだ さとし）
㈱日建設計

米杉尚記（よねすぎ なおき）
㈱山田綜合設計

米山隆也（よねやま たかや）
清水建設㈱ 関西支店

建築構造用語事典 Ⅱ　257

建 築 構 造 用 語 事 典 Ⅱ

学生も実務者も
知っておきたい
建築キーワード

発行　2019 年 7 月 20 日
編著　（一社）日本建築構造技術者協会関西支部
　　　建築構造用語事典Ⅱ編集委員会
発行者　橋戸幹彦
発行所　株式会社建築技術
　　　〒 101-0064　東京都千代田区神田三崎町 3-10-4 千代田ビル
　　　TEL03-3222-5951　FAX03-3222-5957
　　　http://www.k-gijutsu.co.jp
　　　振替口座 00100-7-72417
造本デザイン　春井　裕（ペーパー・スタジオ）
印刷・製本　三報社印刷株式会社

落丁・乱丁本はお取り替えいたします。
本書の無断複製（コピー）は著作権法上での例外を除き禁じられています。
また，代行業者等に依頼してスキャンやデジタル化することは，
例え個人や家庭内の利用を目的とする場合でも著作権法違反です。
ISBN978-4-7677-0164-6
ⒸJapan Structual Consultants Association, 2019
Printed in Japan